AF631986

ACTES SUD | PRIX HSBC POUR LA PHOTOGRAPHIE

COLLECTION DU PRIX HSBC POUR LA PHOTOGRAPHIE DIRIGÉE PAR CHRISTIAN CAUJOLLE

© Christian Caujolle, pour les textes
© Marta Zgierska, 2016, pour les photographies
© Actes Sud | Prix HSBC pour la Photographie, 2016
pour la présente édition

ISBN 978-2-330-06305-4

MARTA ZGIERSKA

POST

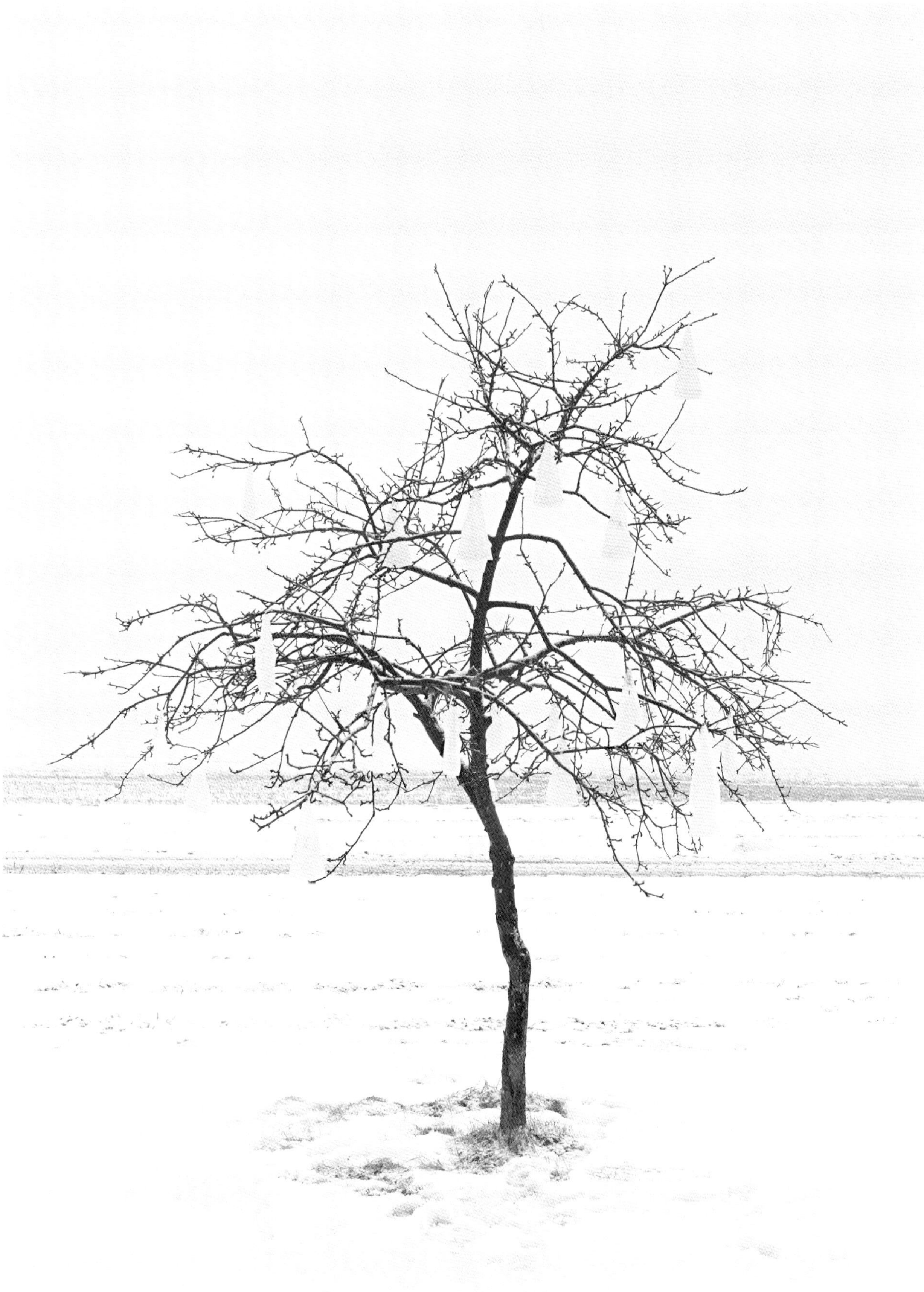

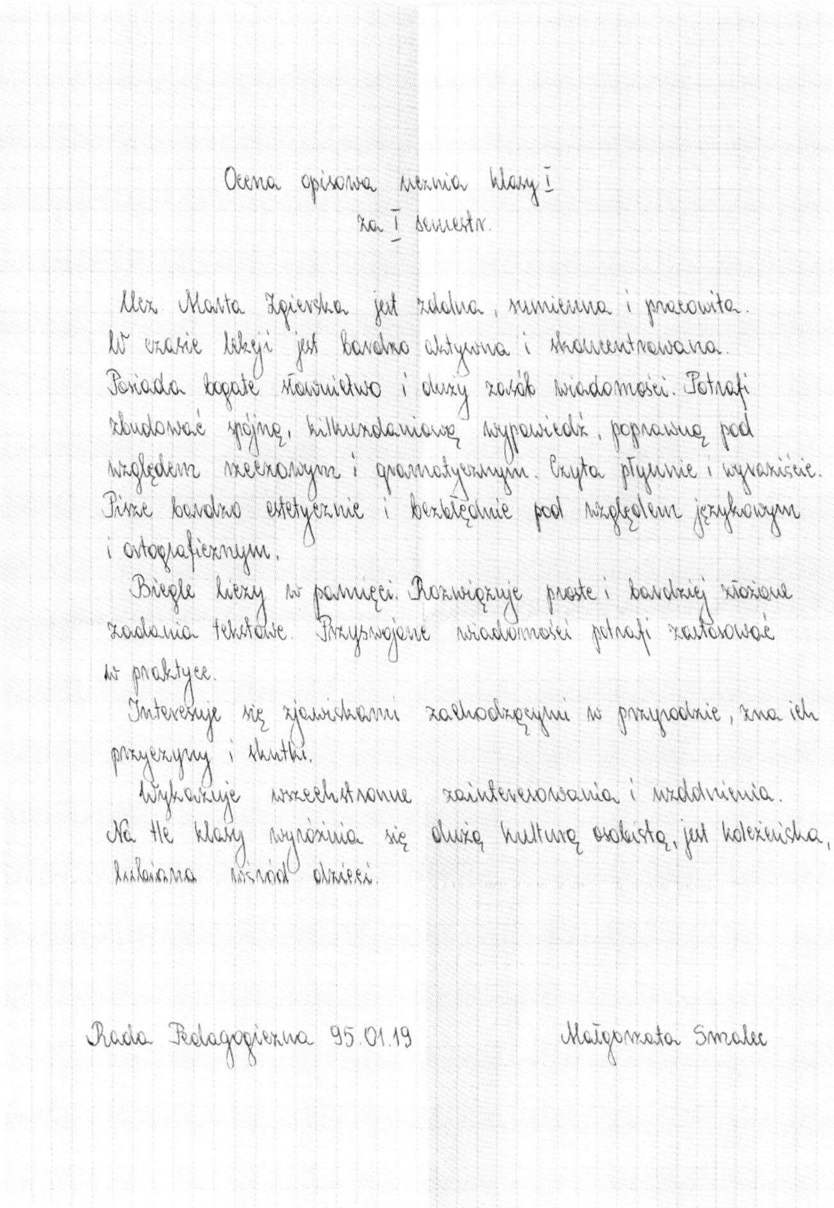

Ocena opisowa ucznia klasy I
za I semestr.

Ucz. Marta Zgierska jest zdolna, sumienna i pracowita. W czasie lekcji jest bardzo aktywna i skoncentrowana. Posiada bogate słownictwo i duży zasób wiadomości. Potrafi zbudować spójną, kilkuzdaniową wypowiedź, poprawną pod względem rzeczowym i gramatycznym. Czyta płynnie i wyraziście. Pisze bardzo estetycznie i bezbłędnie pod względem językowym i ortograficznym.

Biegle liczy w pamięci. Rozwiązuje proste i bardziej złożone zadania tekstowe. Przyswojone wiadomości potrafi zastosować w praktyce.

Interesuje się zjawiskami zachodzącymi w przyrodzie, zna ich przyczyny i skutki.

Wykazuje wszechstronne zainteresowania i uzdolnienia.
Na tle klasy wyróżnia się dużą kulturą osobistą, jest koleżeńska, lubiana wśród dzieci.

Rada Pedagogiczna 95.01.19 Małgorzata Smalec

ÉVALUATION DE L'ÉLÈVE
CM1 – premier semestre

L'élève Marta Zgierska est douée, consciencieuse et assidue. Elle est active et reste concentrée pendant les cours. Elle a un vocabulaire riche et une bonne culture générale. Elle est capable de fournir un bref discours structuré et correct d'un point de vue grammatical et logique. Lorsqu'elle lit à voix haute, son rythme est bon et sa prononciation est claire. Son écriture est très esthétique, sans fautes linguistiques ni d'orthographe.

Elle est à l'aise avec le calcul mental. Elle résout des exercices de mathématiques, qu'ils soient simples ou plus complexes. Elle sait mettre en pratique les règles qu'elle apprend. Elle s'intéresse aux phénomènes de la nature et comprend leurs causes et leurs conséquences.

Elle a de nombreux talents et des centres d'intérêt très variés. Parmi les autres élèves, elle se distingue par son éducation. Dotée d'esprit d'équipe, elle est bien appréciée de ses camarades.

Réunion du conseil pédagogique, 19 janvier 1995
Małgorzata Smalec

DESCRIPTIVE ASSESSMENT OF A PRIMARY SCHOOL STUDENT
Class I, Semester I

Marta Zgierska is talented, diligent and hard working. She is very active and concentrated during classes. Her vocabulary is rich, and her knowledge is broad. She is able to construct a coherent utterance of several sentences, correct both in grammatical and factual sense. She reads fluently and expressively. She writes very aesthetically and accurately in terms of language and spelling.

She is proficient in mental arithmetic. She is able to solve simple and more complex text-based mathematical problems. She applies new information in practical task solving. She is interested in phenomena occurring in nature, and she knows their causes and results.

She shows versatile interests and talents. She stands out in her class in terms of her good manners; she is friendly and well liked by other children.

Teachers' Meeting, 19 January, 1995
Małgorzata Smalec

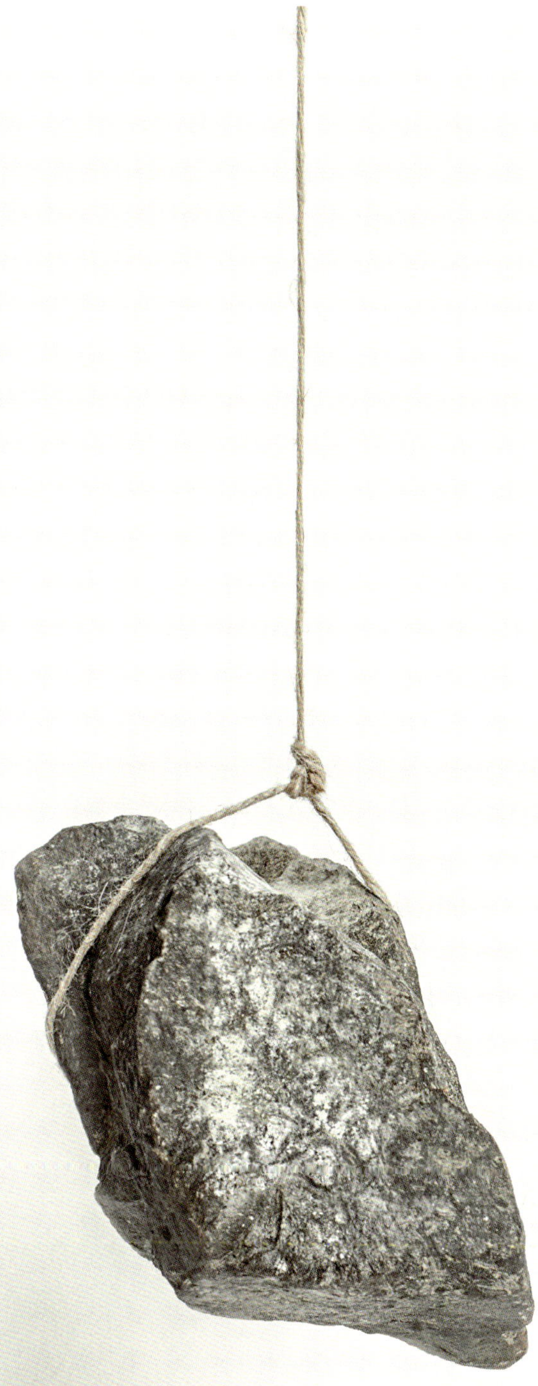

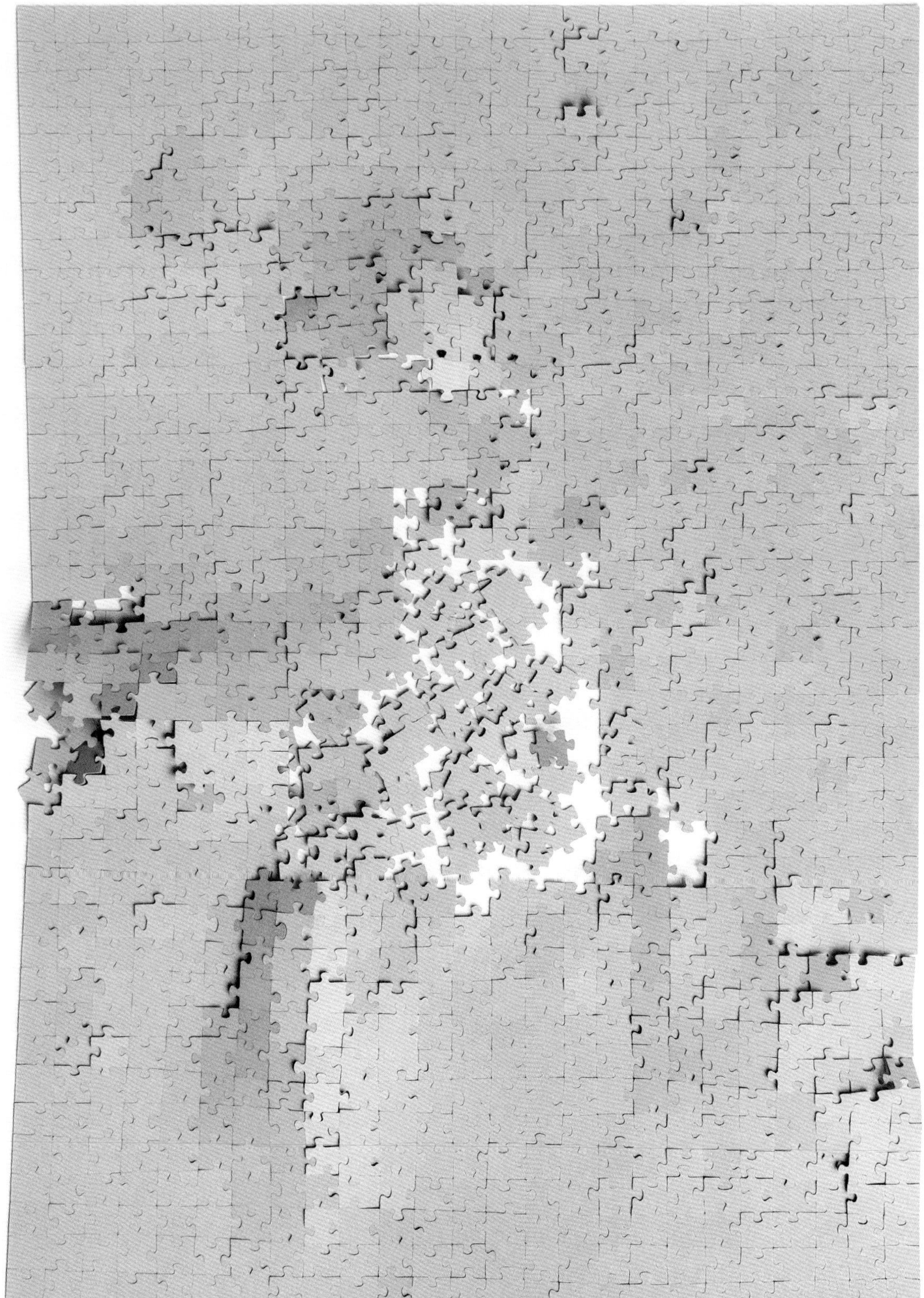

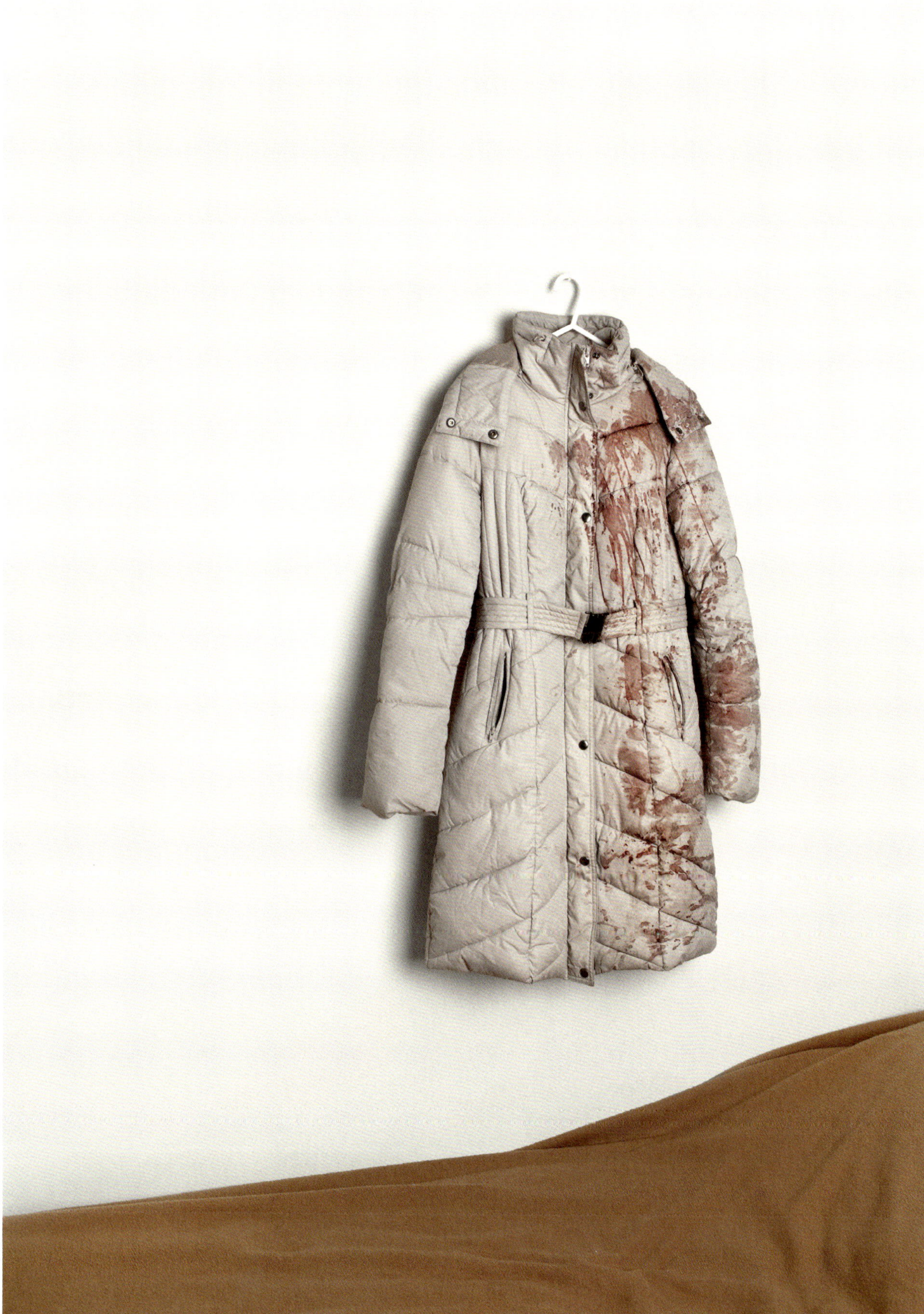

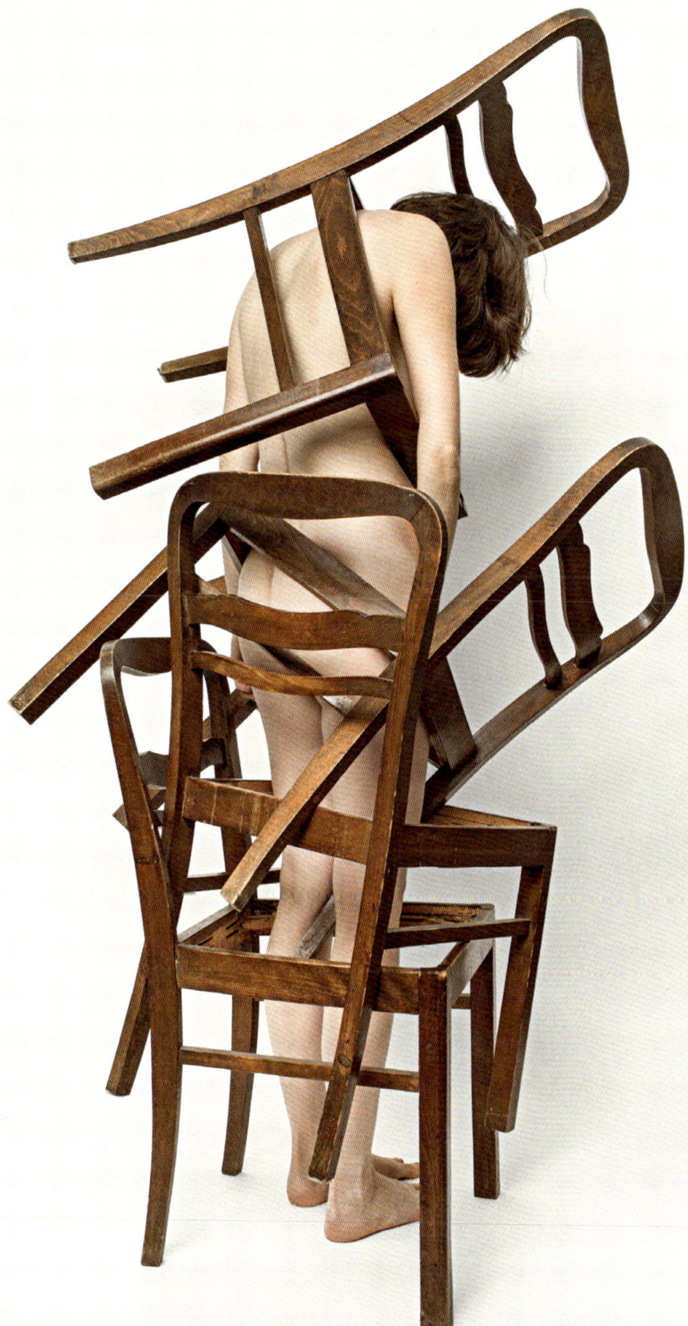

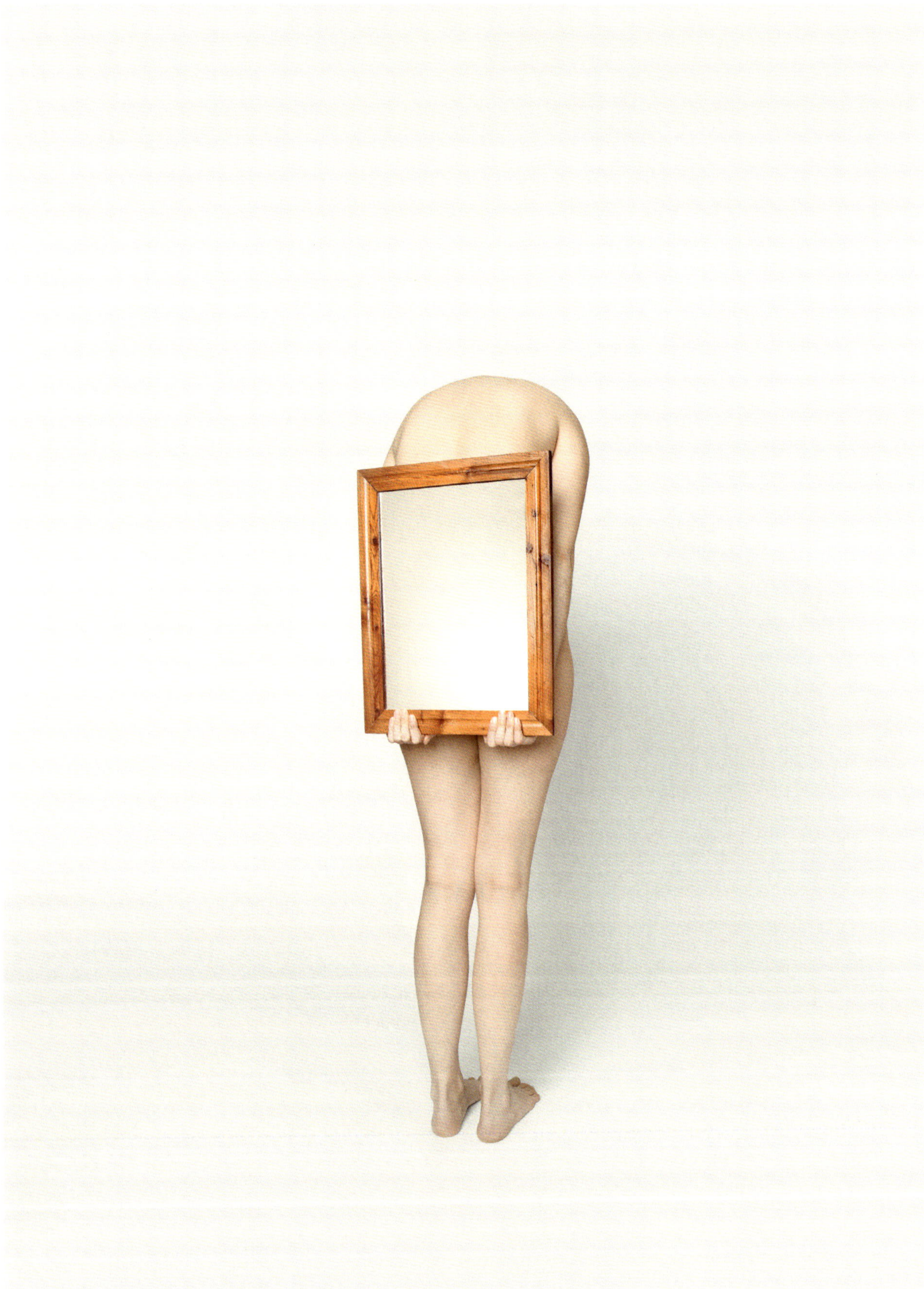

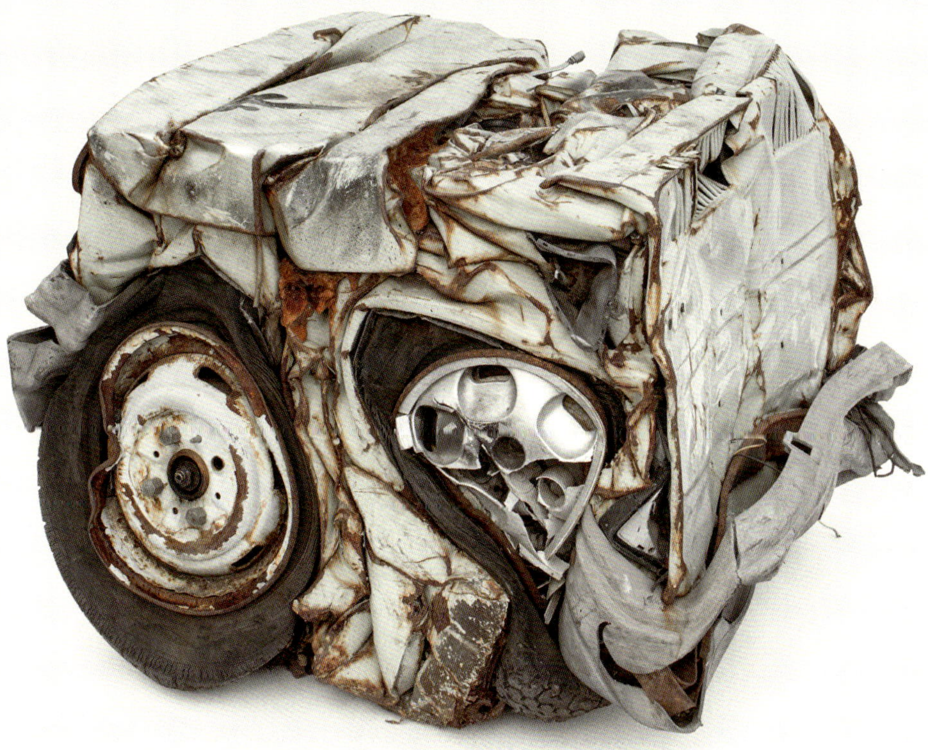

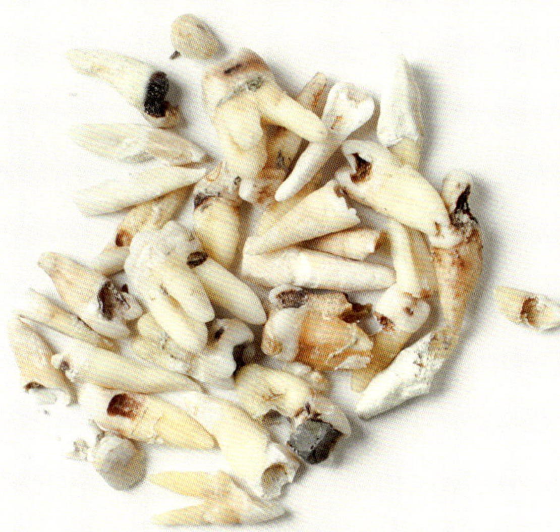

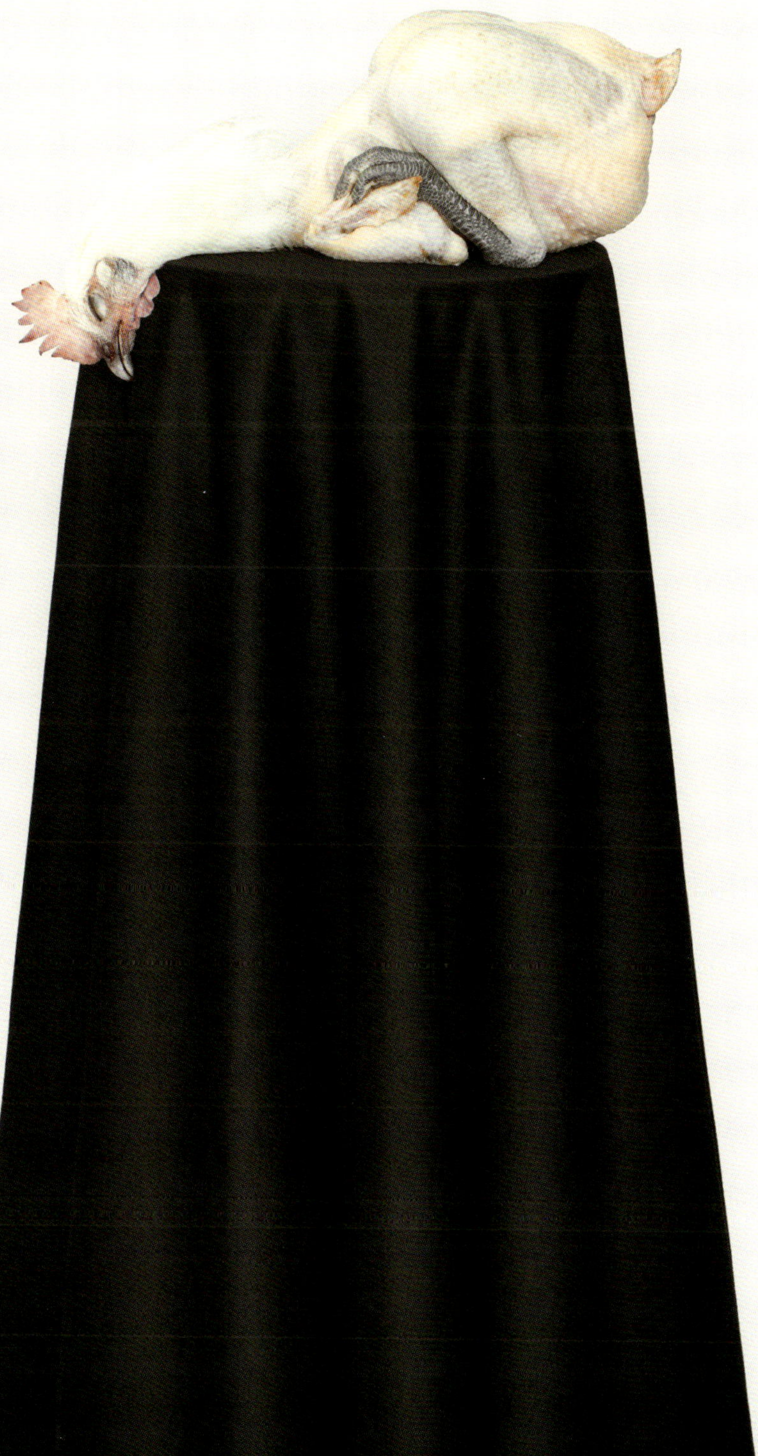

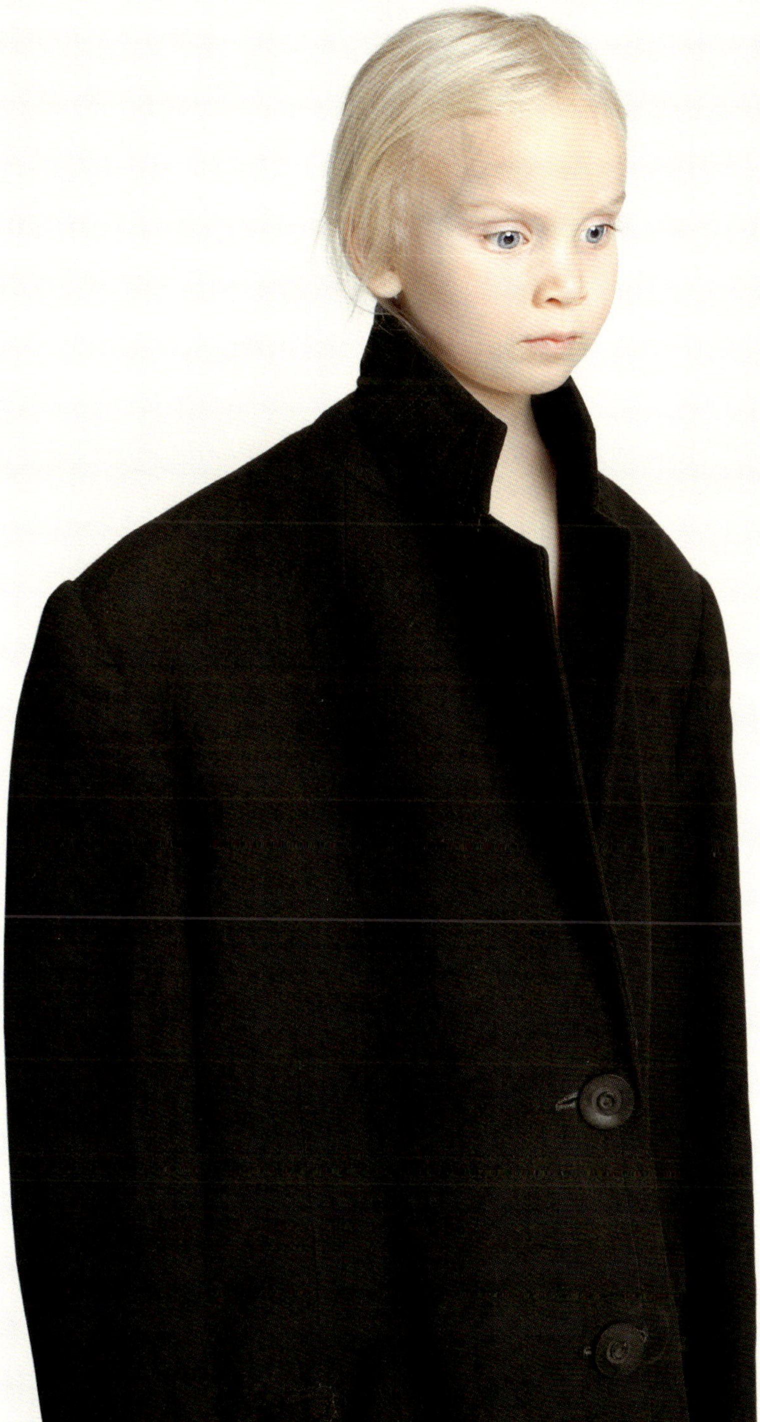

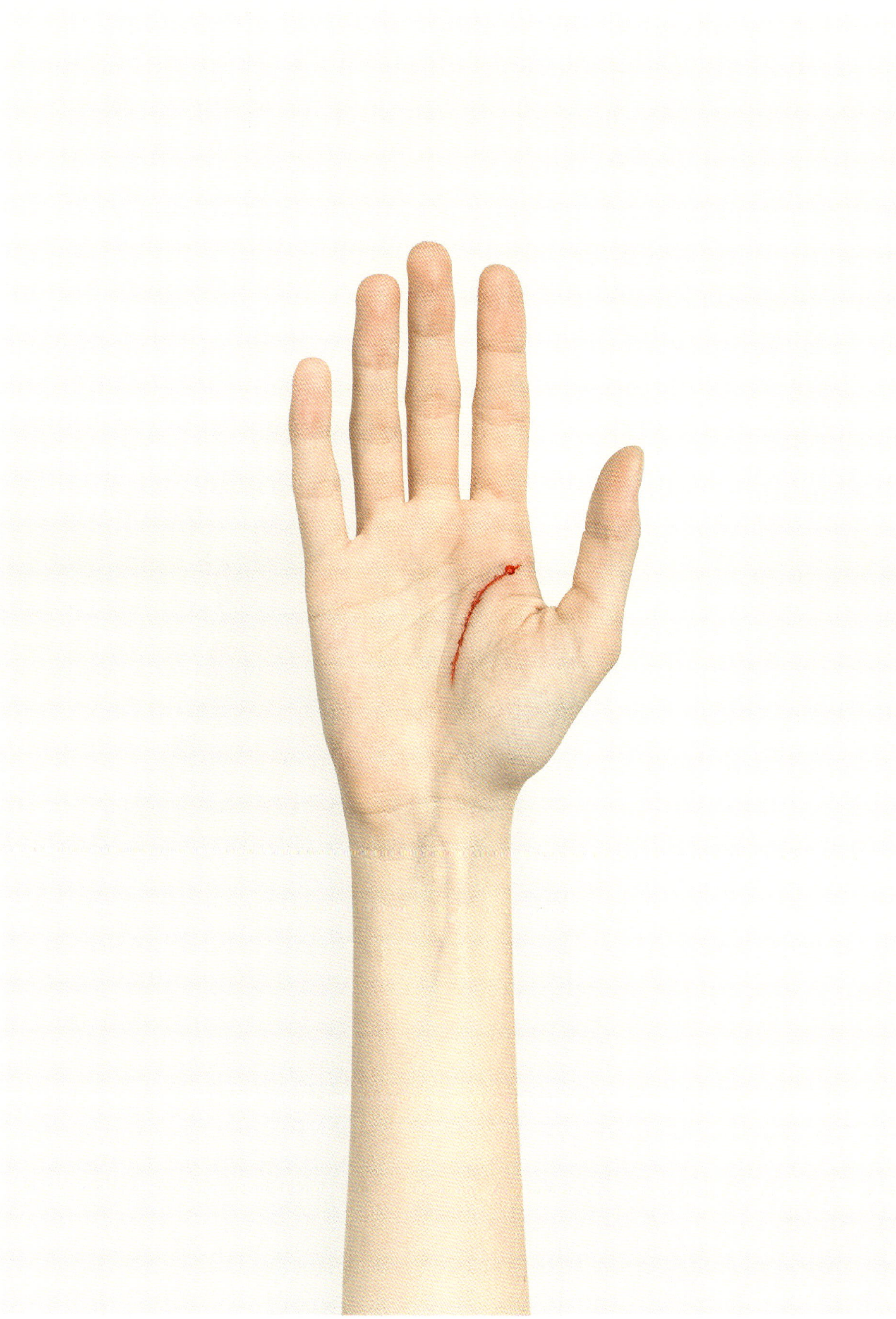

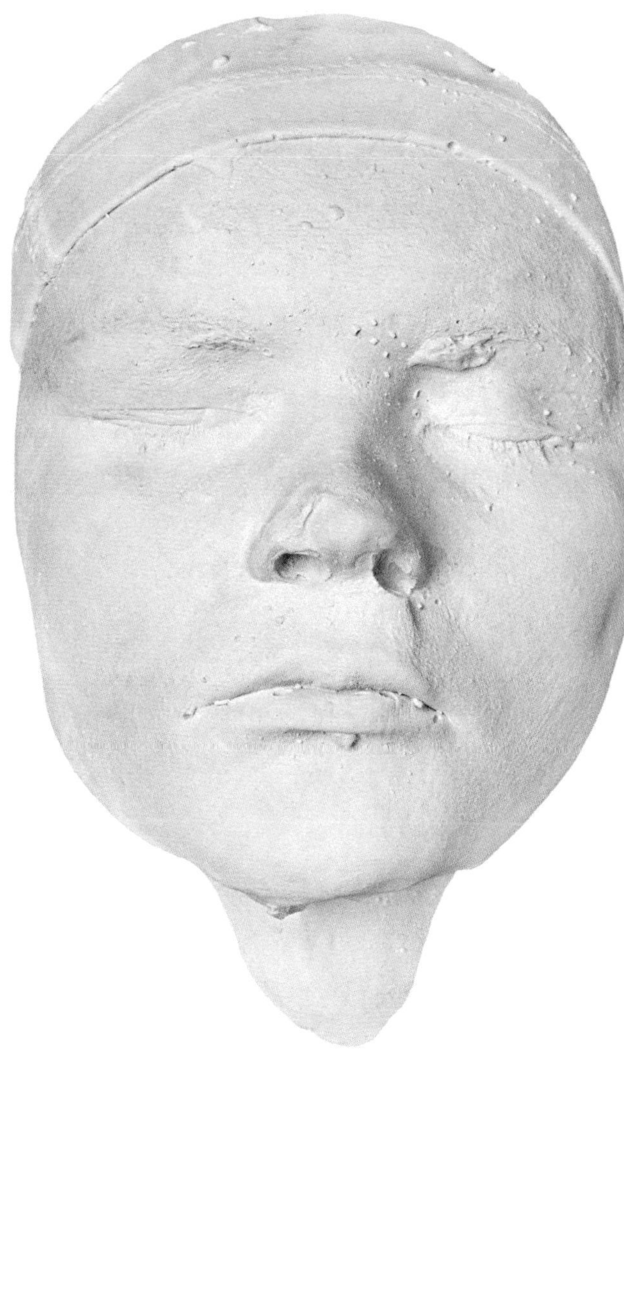

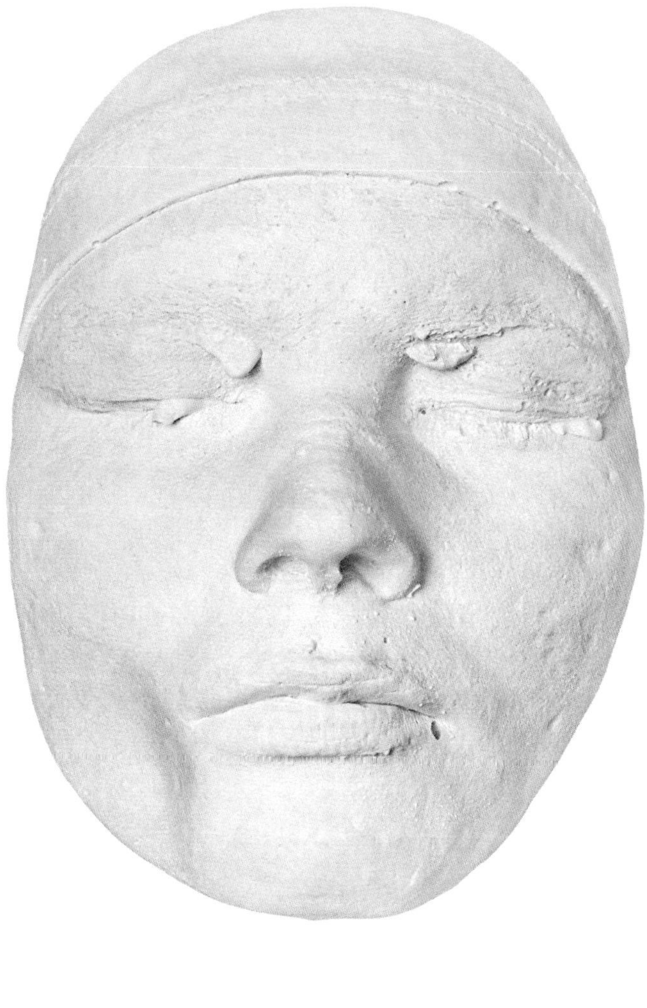

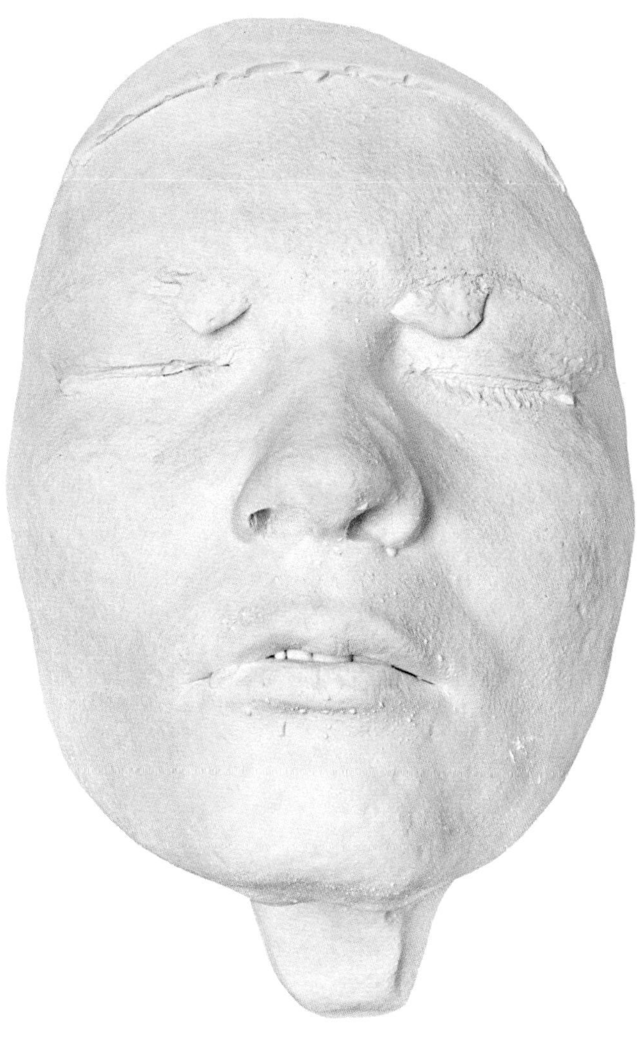

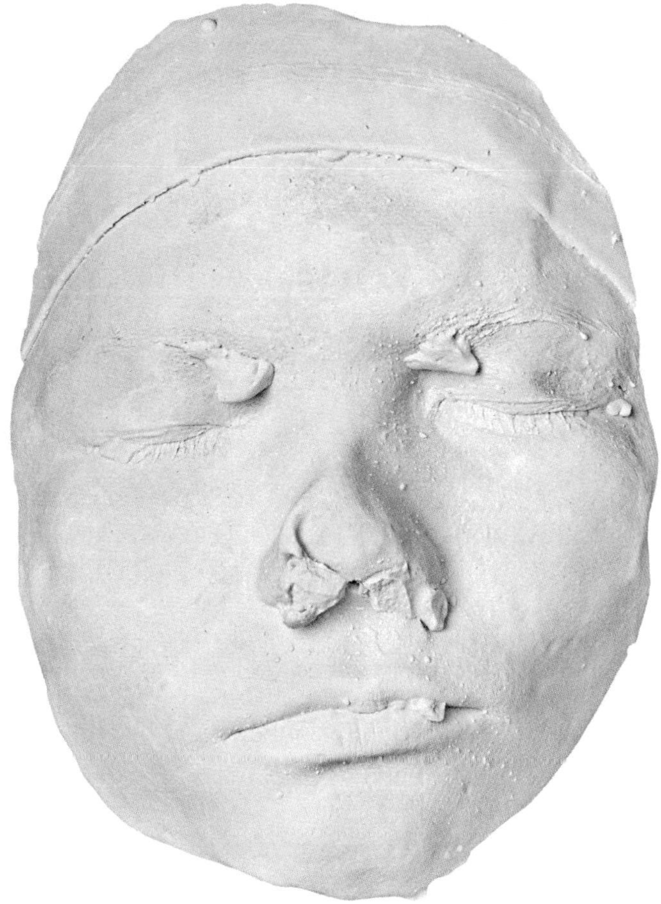

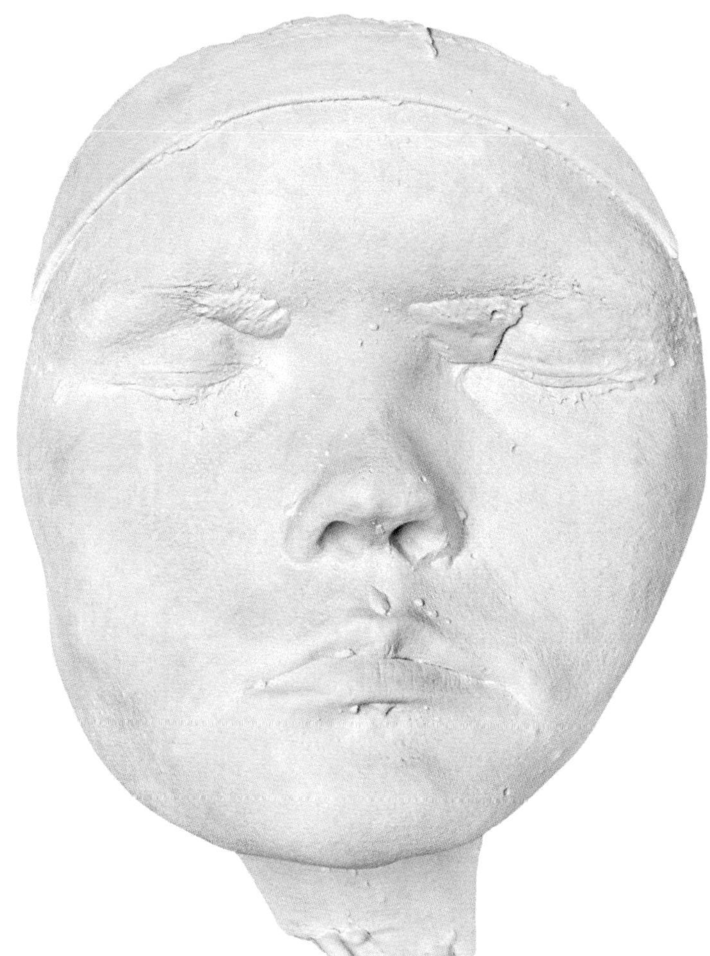

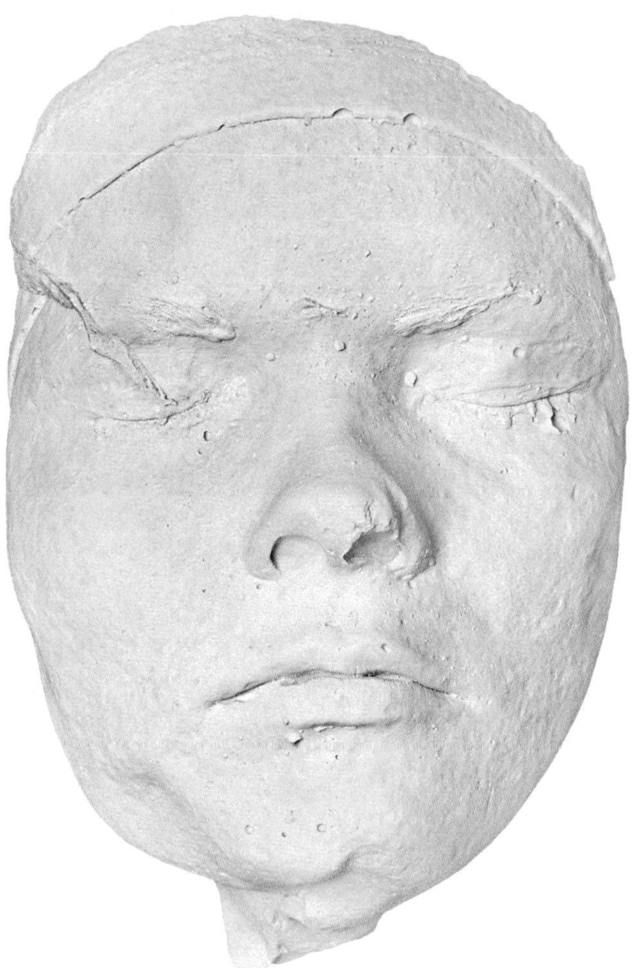

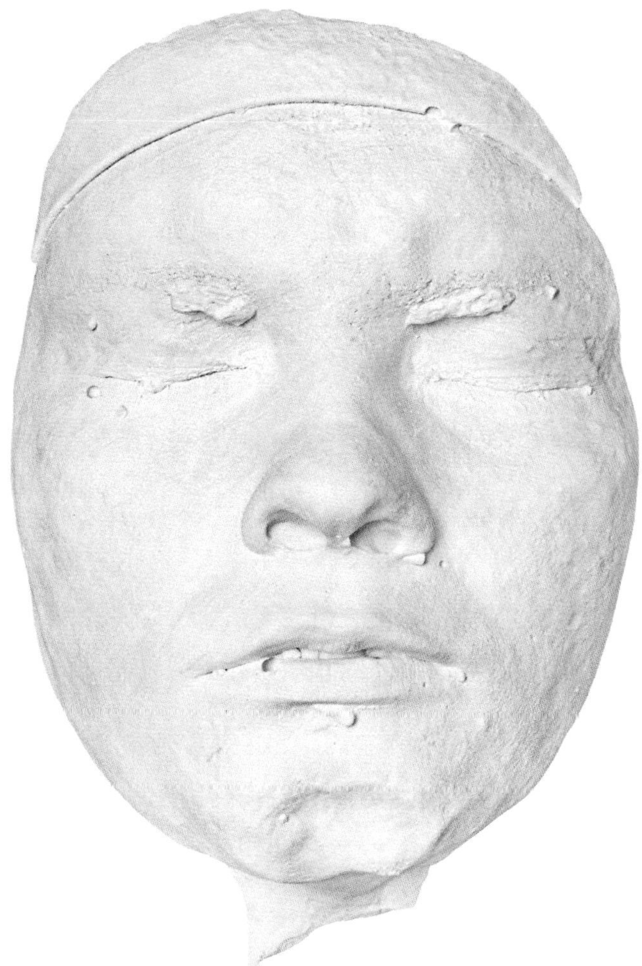

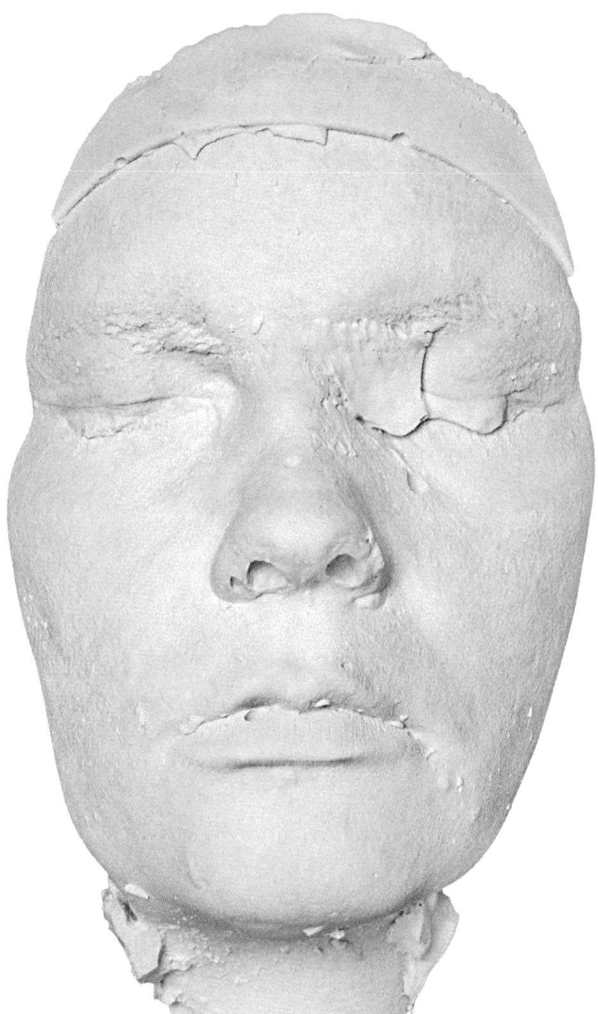

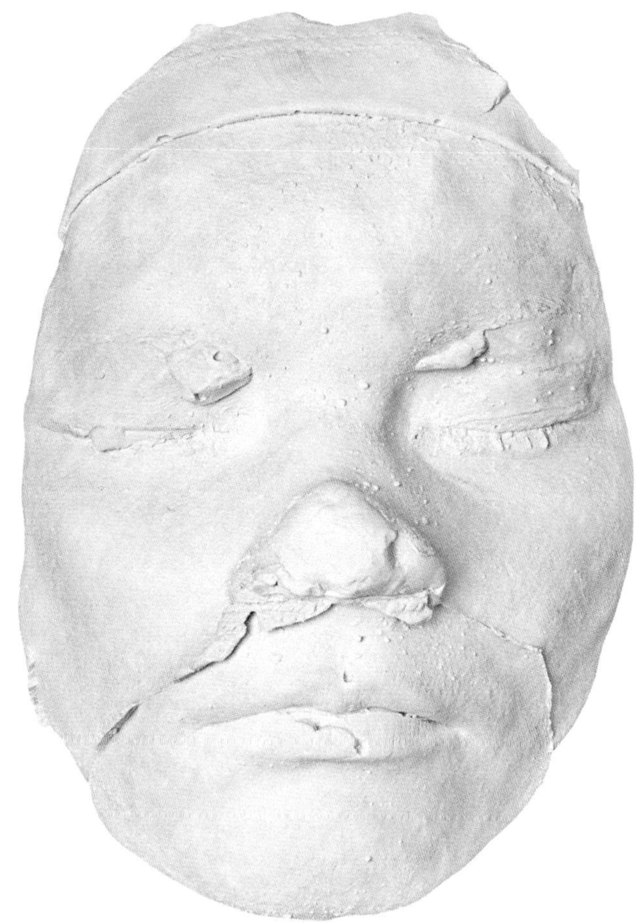

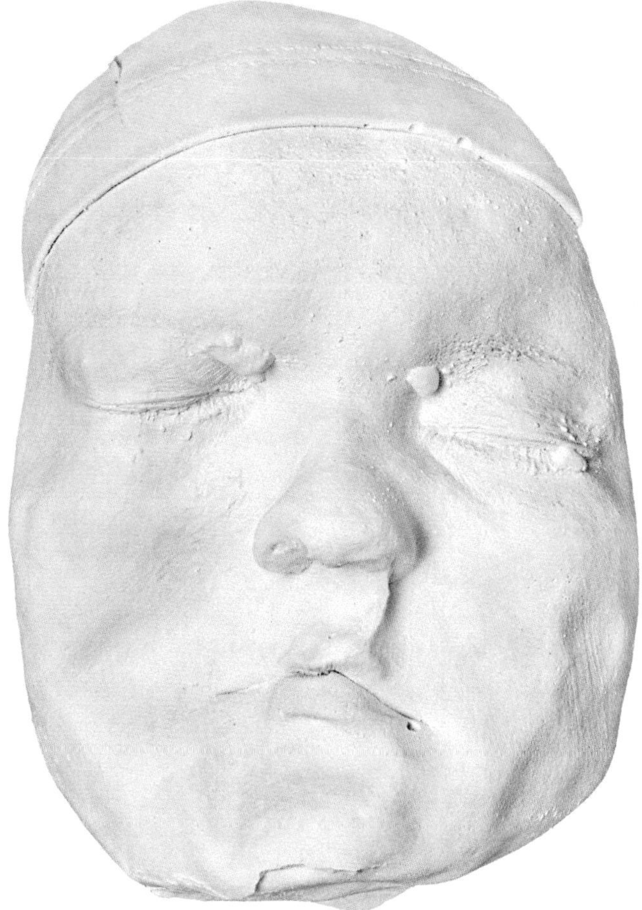

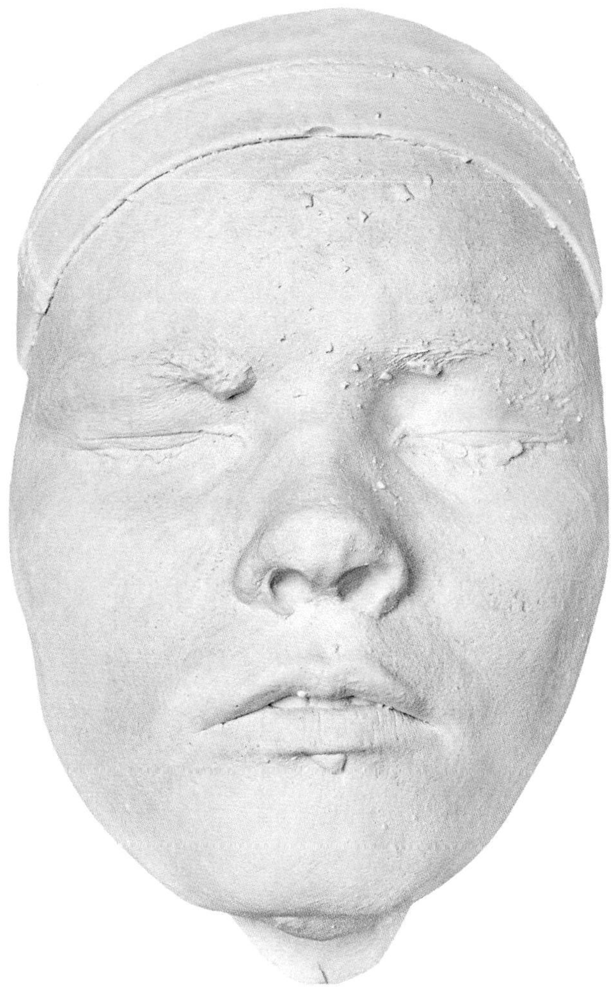

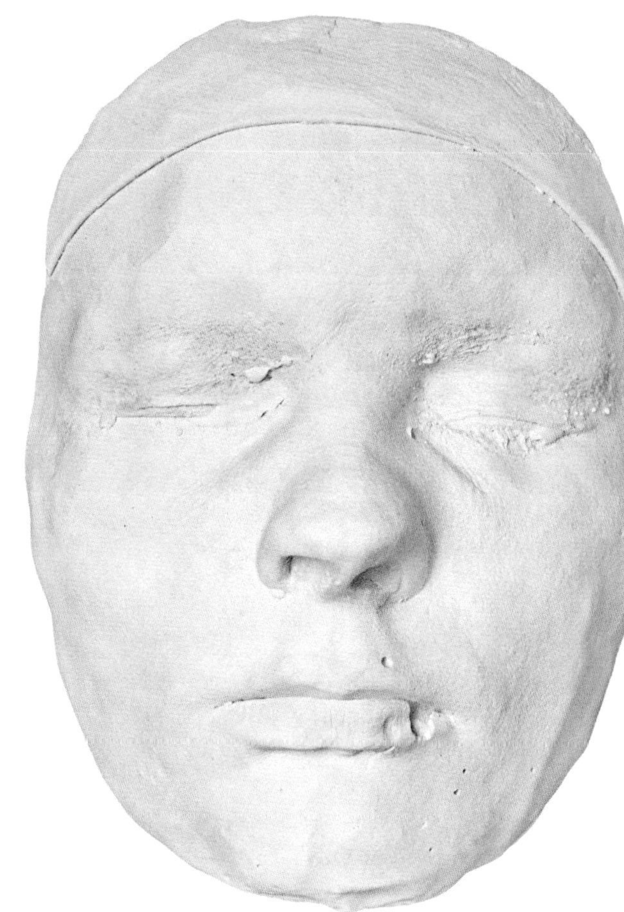

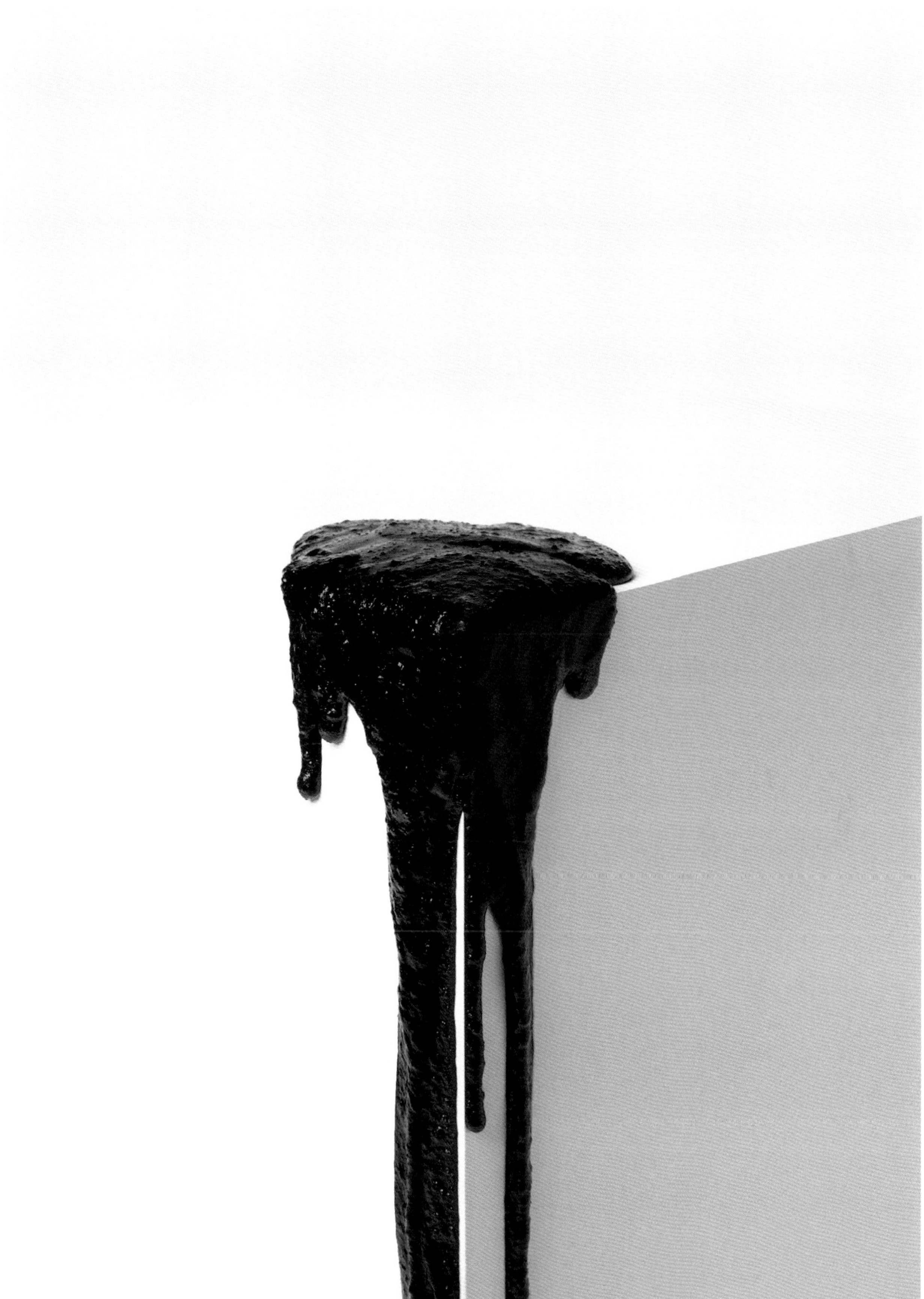

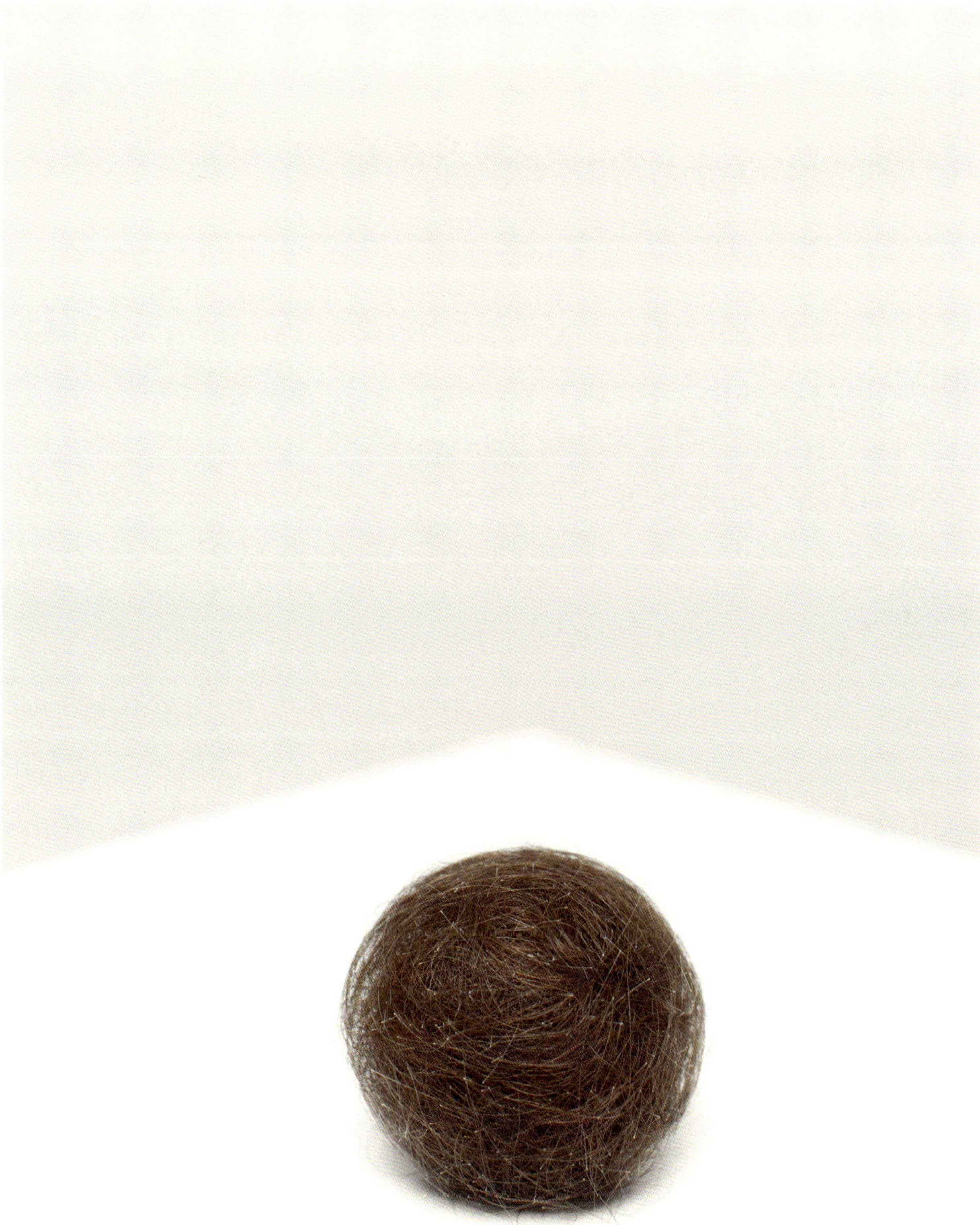

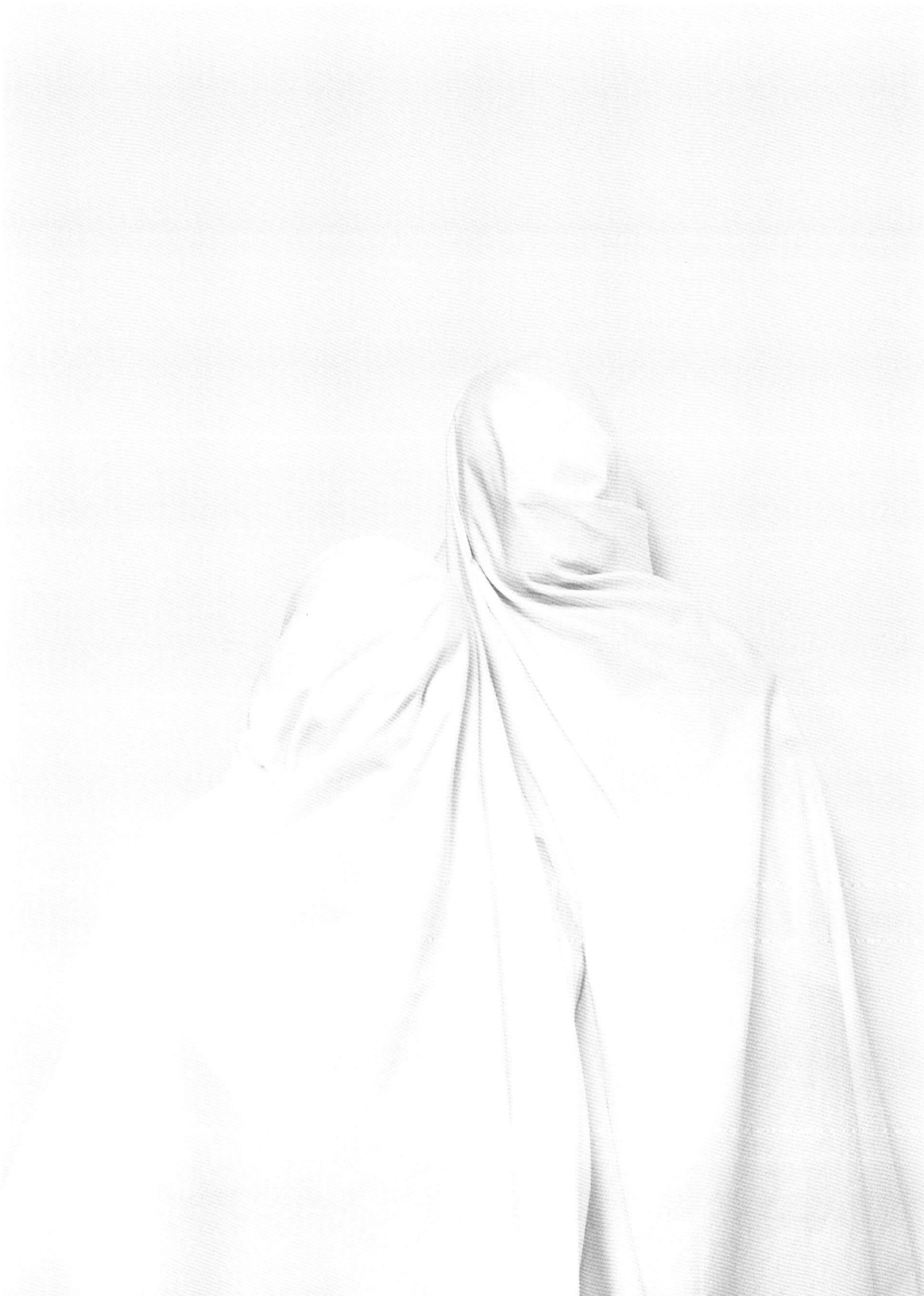

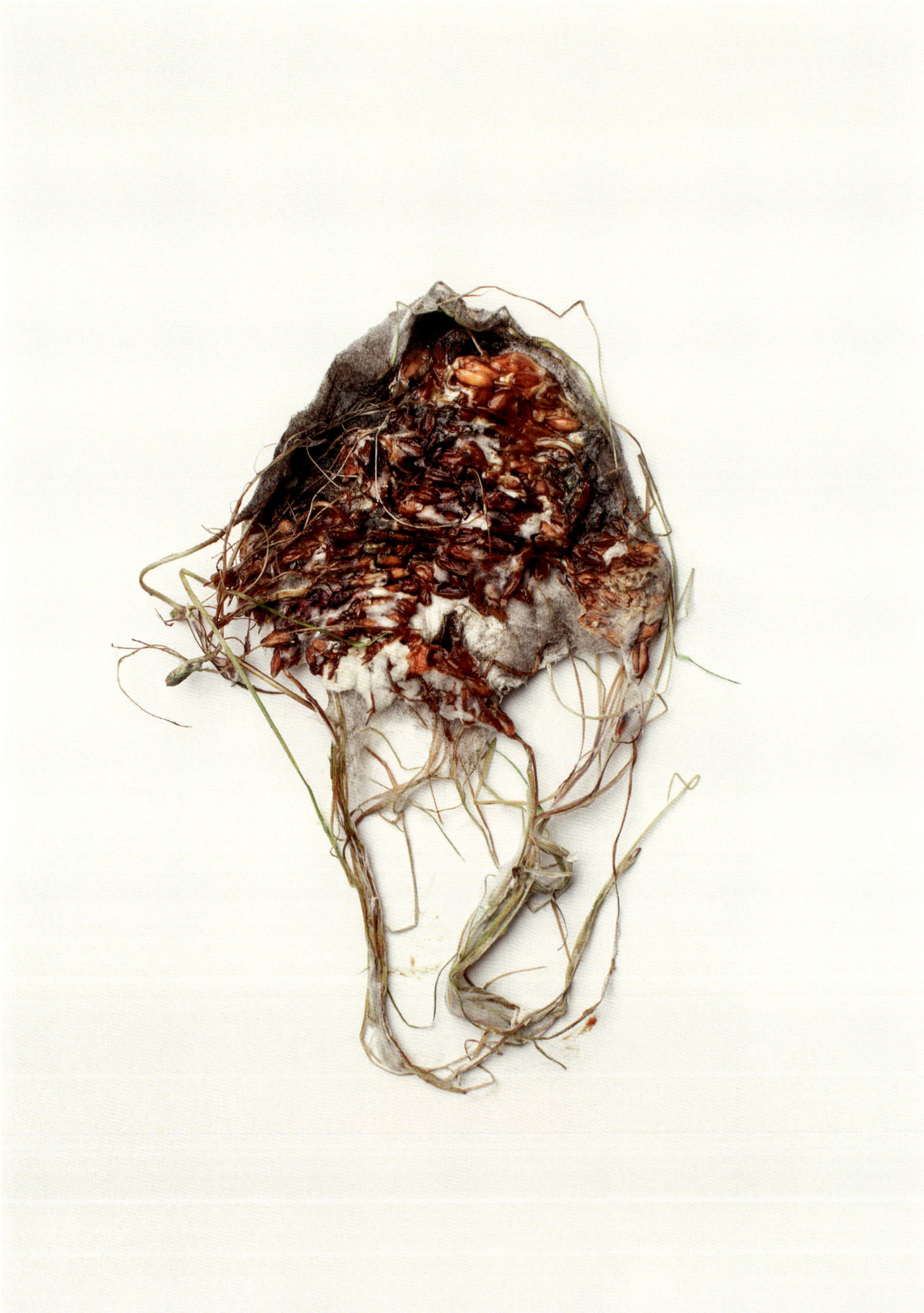

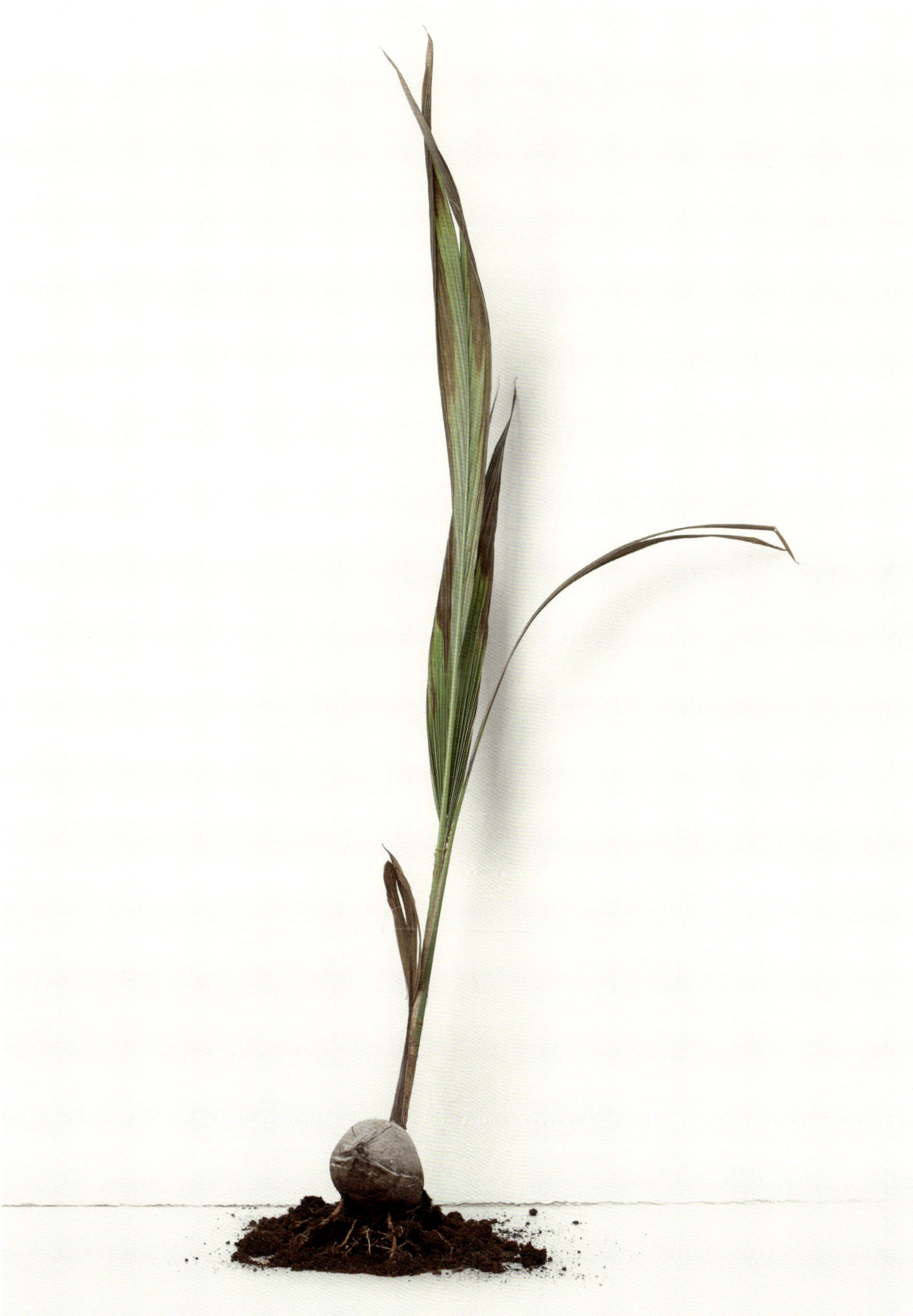

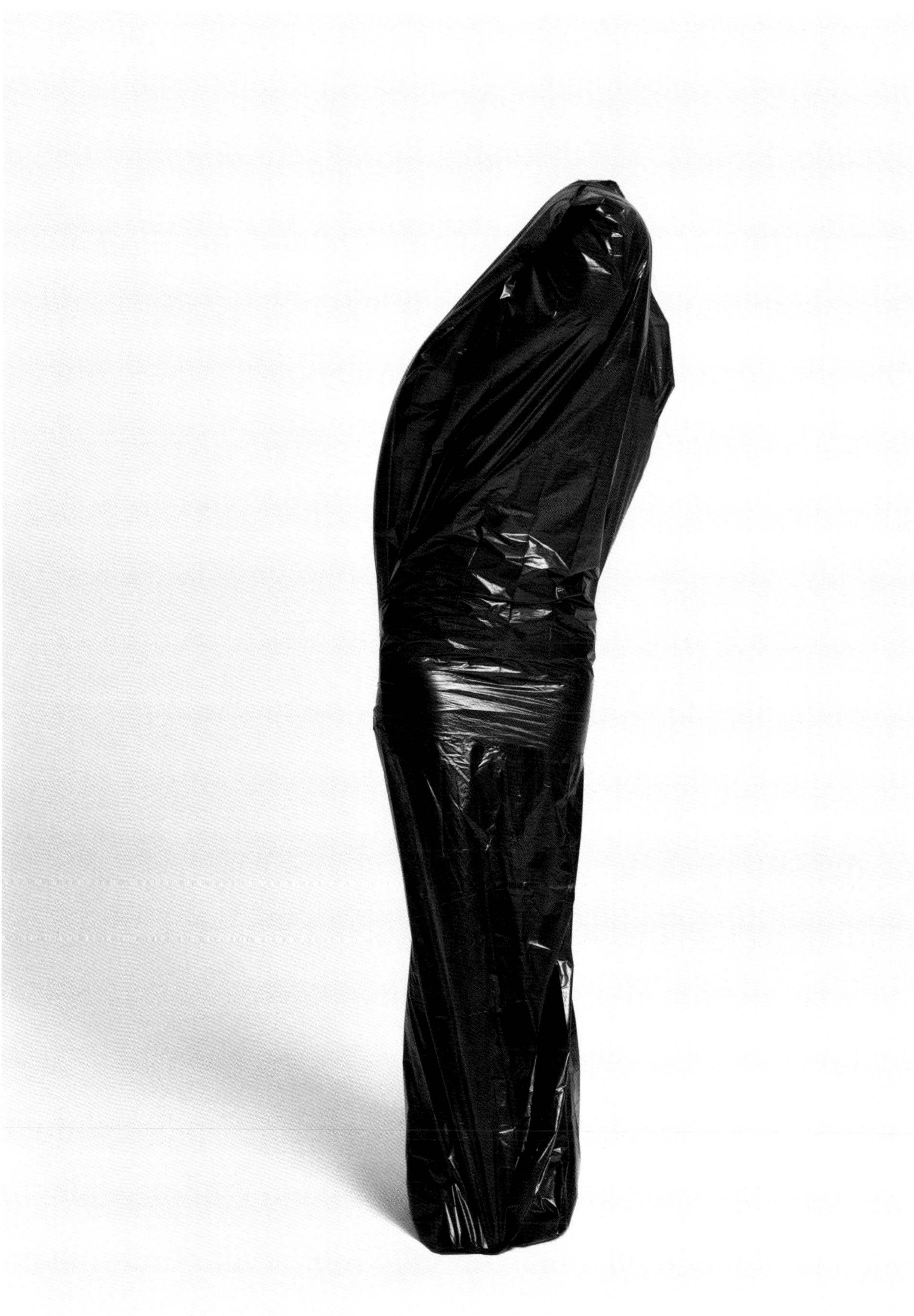

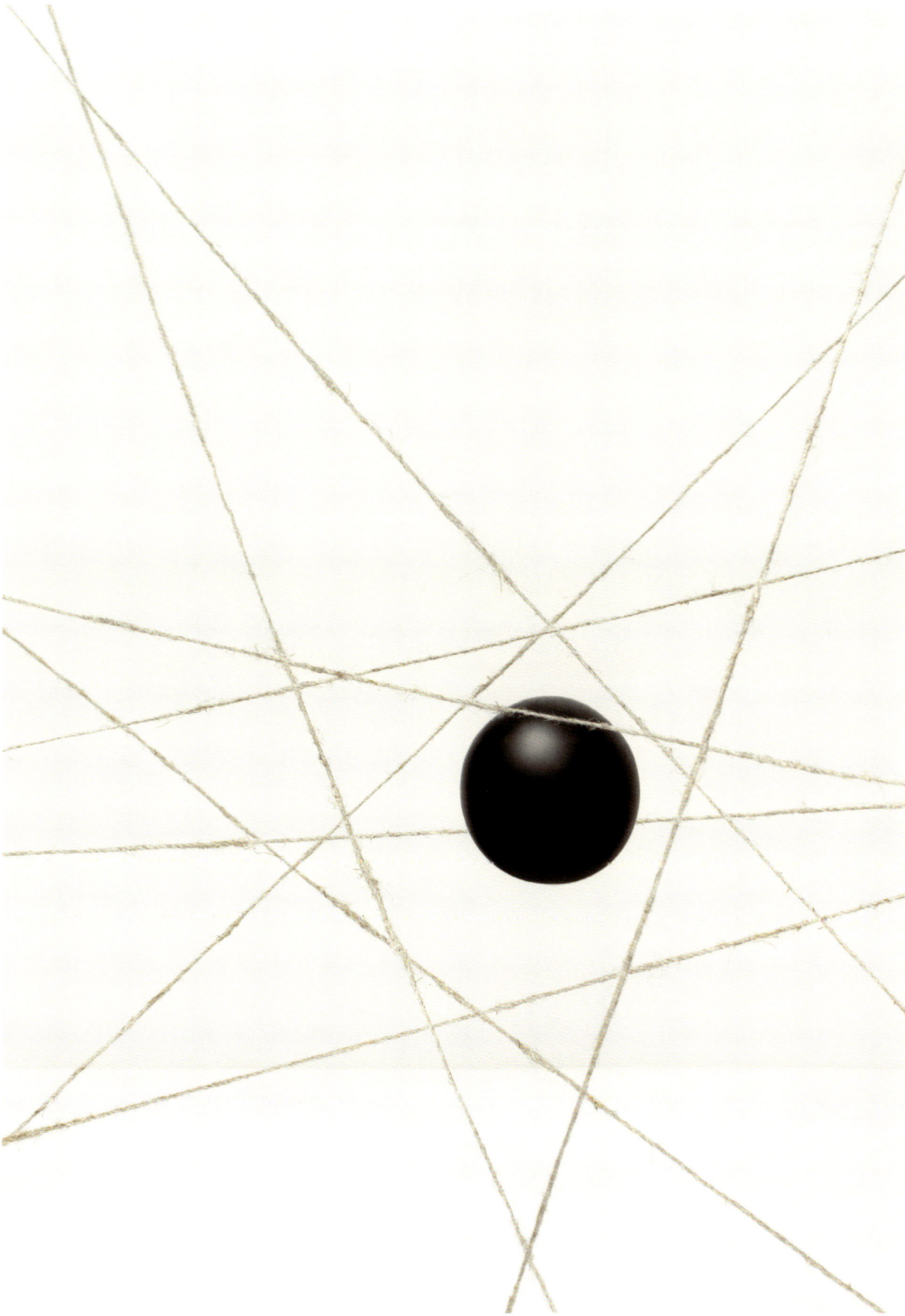

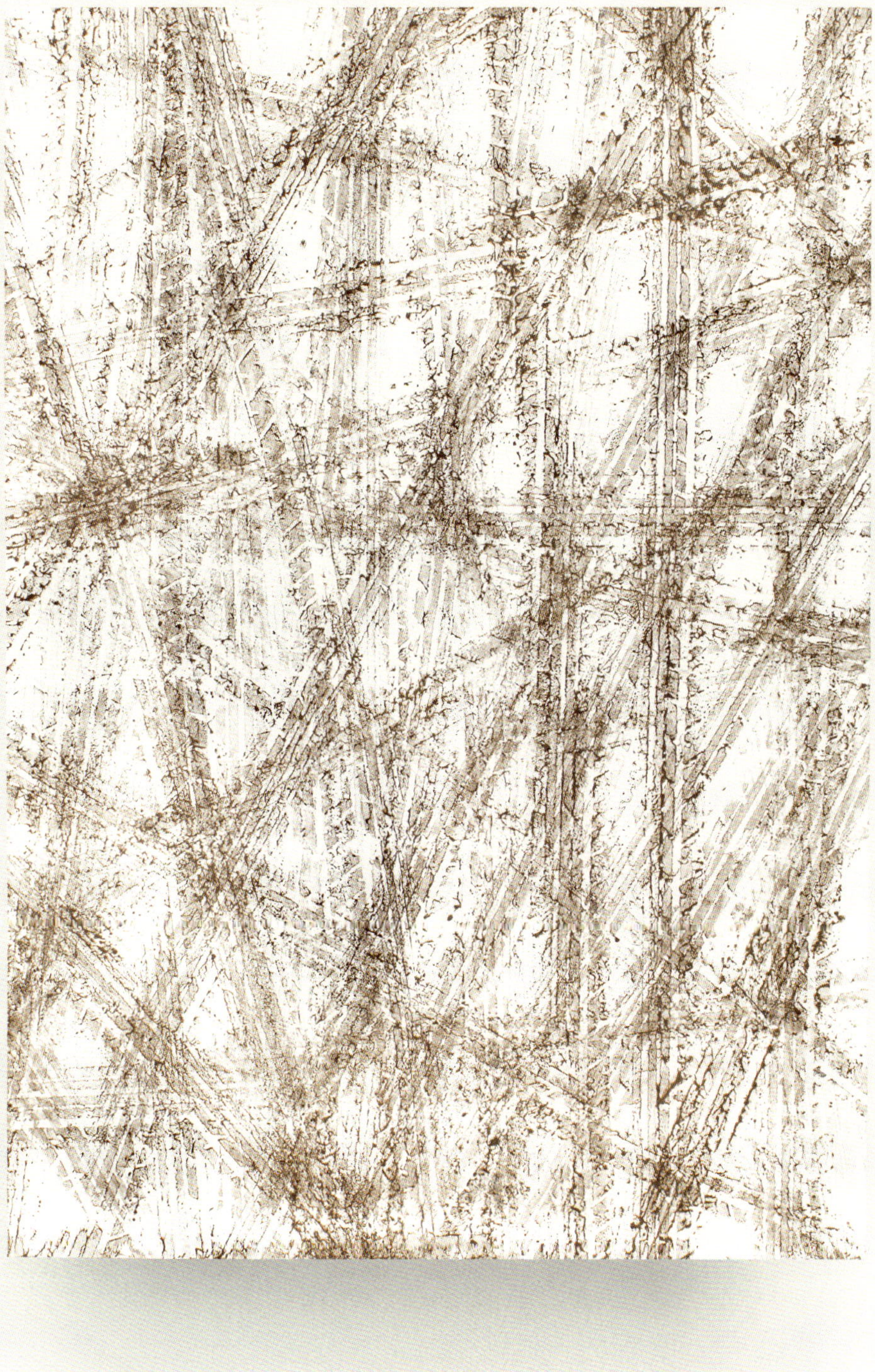

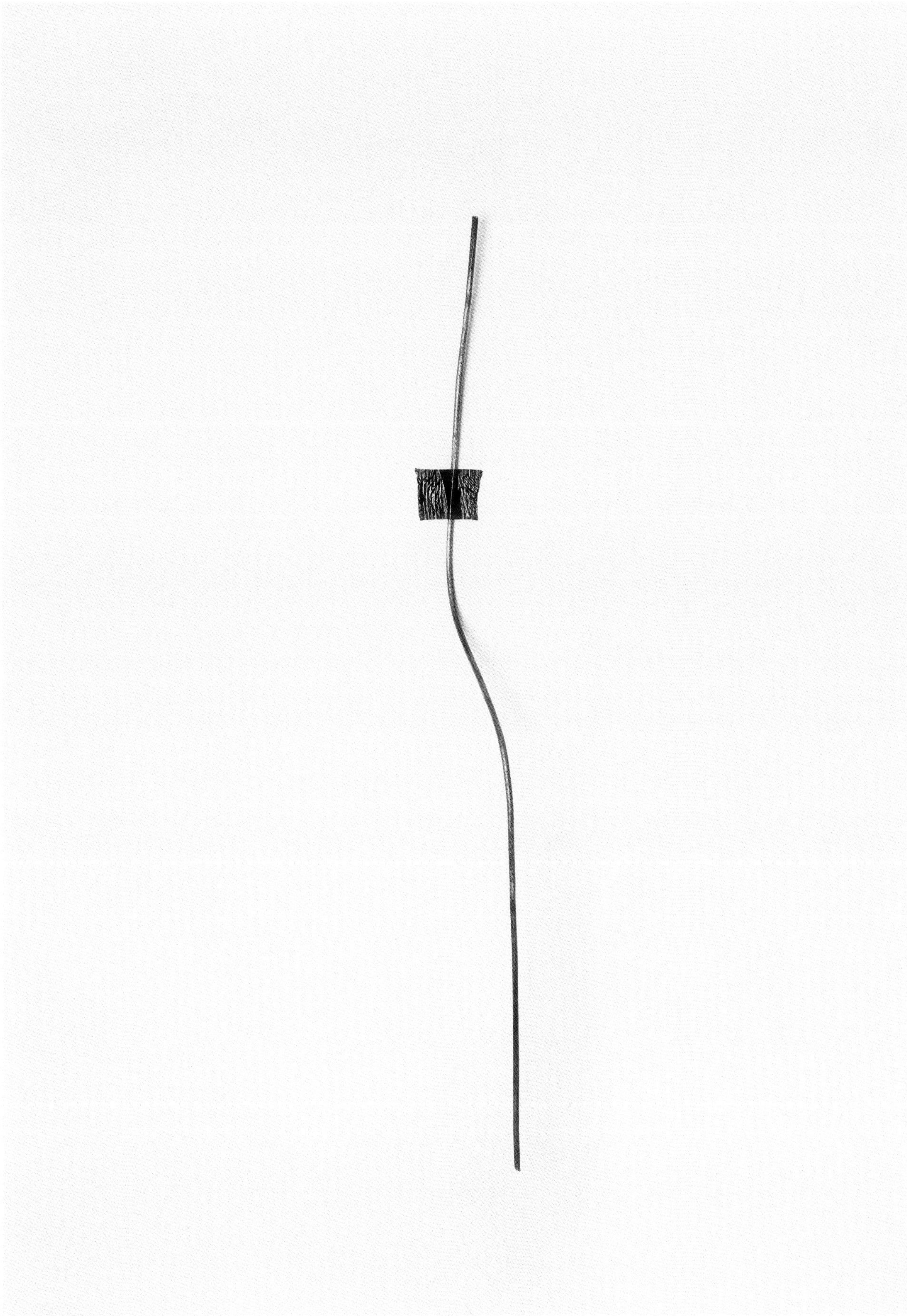

PAR CHRISTIAN CAUJOLLE

Les images sont nettes. Absolument nettes, d'une précision redoutable. Il s'agit d'images simples. De photographies qui se concentrent sur un objet. Un seul, centré, désigné. Un objet que la photographie installe dans un espace, son espace, définitif et inconfortable. Aucune approximation, aucun effet, aucune glose. La mise à plat et à distance des choses. La mise en place des éléments. Pièces d'un puzzle qui reste à assembler. À rassembler. À reconstituer.

La netteté des images se combine à la permanence de la lumière qui la rend possible. À sa constance. À sa répétition. Une lumière extrêmement blanche. Une lumière paradoxale, qui met à plat et en même temps sculpte. Une lumière terrible. Qui fouaille les détails mais ne les met pas en valeur. Une lumière de salle d'opération. Scialytique.

Photographie et sculpture ont davantage à voir l'une avec l'autre que peinture et photographie. Ici plus que jamais. La sculpture invente de l'espace, son espace. Son propos, contrairement aux apparences, ce ne sont pas les objets. Ou bien ces objets permettent non de représenter et figurer d'autres objets mais de structurer l'espace. Ici les photographies aux teintes douces à force de recueillir le blanc désignent des sculptures. Elles observent et mettent à plat de l'espace, non des objets. Espace confiné. Cadré, qui ne laisse guère d'échappatoire. Pas d'échappatoire en fait. Impossible. Car il y a nécessité. Tout est nécessité. Pour la survie.

La voiture compressée évoque César. Une main dressée marquée d'un filet de sang renvoie aux performeurs. Le poulet sur sa sellette drapée de velours noir, à une tradition des beaux-arts et des écoles. On pourrait multiplier les redondances inutiles. Pourtant il ne s'agit de rien de tout cela. La veste est trop grande pour l'enfant blonde.

Tout est net. Précis. Le malaise est là. Mal-être. Sec. Sans émotion apparente. Débarrassé de tout pathos. De toute explication. Tension permanente mais jamais spectaculaire. Irréductible tension.

Nécessité absolue. Parce qu'il faut que les éléments soient nommés pour qu'ils puissent, ensuite, s'articuler. Blessure d'un manteau taché de sang. Maculé. Mais net. Irrémédiablement net sur son mur. De façon indépassable. Principe de nécessité.
Autoportrait. Danger du genre. Risque permanent. Celui du narcissisme. Celui de la complaisance. Celui de l'identité factice. De la protection déplacée de son image. Rien de tout cela ici. Il s'agit pourtant d'autoportrait. Il ne s'agit même que d'autoportrait. Parce qu'il n'y avait pas d'autre possible. Parce qu'il fallait en passer par là au moment de la reconstruction. Pour permettre la reconstruction. Autoportrait par bribes, fragments. Mais net. Pas de romantisme. Pas de glose. Net. Toujours net. Pas de narration non plus. Chaque image est un récit congelé. Pas une histoire. Pas un développement. Un constat. Net. Une nécessité de constat. Il y a du souvenir. De la mise en forme du souvenir. Des souvenirs, anciens ou proches, qui créent leur espace. Sculptures. La lumière sculpte le souvenir à plat. Puis il faut combiner, assembler, reconstituer, mettre côte à côte les fragments. Reconstruire et non construire. On ne part pas de rien. On ne part jamais de rien, en fait.
Accepter la représentation de soi. Jusqu'au moulage. Jusqu'à l'idée d'identique qui frise l'identité. Comme l'infime distance qui sépare la sculpture d'un visage du masque mortuaire. Diversité des expressions pour signifier la vie qui continue. Blanche sur fond blanc. Mais le blanc n'existe pas. Plâtre sur fond clair. Variations douloureuses et calmes du portrait. Vu de face, de haut. À la fois en relief et aplati sur un fond. Épinglé comme les variations d'une espèce par un entomologiste inconnu. Constat encore de différentes étapes. Reconstitution. Souvenir aussi. Rien de scientifique pourtant, si ce n'est l'apparence. Mais, là encore, la nécessité. Pour assumer. Thérapie ? Peut-être. Certaines expressions prennent un sens nouveau : se regarder en face.
Une démarche indiscutable parce qu'indispensable. Vitale. Des images étales répondent au traumatisme. Ou l'accompagnent. Ou se substituent à lui. Ou l'expriment. Pas d'autre possibilité. Juste des images qui refusent aussi de choisir leur statut. Ni symboliques ni métaphoriques. Juste indispensables. Là.
Les sentiments, s'ils ne sont pas dits, sont évoqués. Imaginés par moi qui regarde. La peur. La souffrance. Le froid permanent. Le blanc clinique qui n'est jamais blanc mais toujours clinique. Les espaces qui ne sont jamais amples. Qui ne respirent jamais. Espaces contraints. Comme tout est contraint après l'accident. En phase de retour. Le plus difficile restera sans doute de reconstituer le puzzle gris monochrome. Difficile ou impossible ? Très difficile, en tout cas, à terminer.
Terrible accident. Spectaculaire. Tout est brisé. Tout. Dans un grand bruit. Plus tard, aujourd'hui, maintenant, il y a les images d'après. Blanches. Silence absolu. Net.

BY CHRISTIAN CAUJOLLE

The images are sharp. Absolutely sharp, formidably precise. They are simple images. Photographs which focus on an object. A single object, centred, marked out. An object that photography sets up in a space, its space, definitive and uncomfortable. No approximation, no effect, no gloss. The clarification and distancing of things. Putting elements into place. The pieces of a puzzle that is yet to be assembled. To be gathered together. To be reconstructed.

The sharpness of the images combines with the permanence of the light that makes it possible. With its consistency, its repetition. An extremely white light, paradoxical, flattening at the same time as sculpting. A formidable light, excavating details but not enhancing them. An operating room light. Surgical.

Photography and sculpture have more to do with one with one another than painting and photography. Here more than ever. Sculpture invents space, its space. Objects, contrary to appearances, are not its subject. Indeed these objects allow space to be structured rather than other objects to be represented and displayed. Here the photographs are softly toned, to gather the force of the whiteness, to denote the sculptures. They observe and clarify the space, not the objects. Confined space. Framed, which leaves barely any escape. No escape in fact. Impossible. Because there is necessity. Everything is necessity. For survival.

The compressed car evokes César's artwork. An upright hand marked by a trickle of blood refers back to performance art. The chicken on its stand draped in black velvet, back to a fine arts and art school tradition. We could multiply useless repetitions. Yet, it is not about this at all. The jacket is too large for the fair-haired child.

Everything is sharp. Precise. There is unease. Discomfort. Brusque. Without apparent emotion. Devoid of all pathos. All explanation. Permanent but never spectacular tension. Irreducible tension.

Absolute necessity. Because the elements must be named so that they can then be uttered clearly. The wound of a coat streaked with blood. Spattered. But sharp. Irremediably sharp on its wall. In an impassable way. A matter of necessity.

Self-portrait. Danger of genre. Constant risk. That of narcissism. That of complacency. That of false identity. Of the displaced protection of one's image. Nothing of that sort here. Yet it is a self-portrait. It is nothing but a self-portrait. Because there was no other type possible. Because it was necessary to go through a moment of reconstruction. To allow for reconstruction. Self-portrait in snatches, fragments. But sharp. No romanticism. No gloss. Sharp. Always sharp. No narrative either. Each image is a frozen tale. Not a story. Not a development. A statement. Sharp. A need for statement. There is memory. The shaping of memory. Memories, old or new, which create their space. Sculptures. The light sculpts memory laid bare. Then the fragments must be combined, assembled, pieced together, put aside. To reconstruct and not construct. We do not start from nothing. We never, in fact, start from nothing.

Accepting the representation of self. Until the mould. Until the idea of the identical which grazes identity. Like the minute distance that separates the sculpture of a face from the death mask. Diversity of expressions in order to signify life that continues. White against a white background. But the white does not exist. Plaster against a light background. Painful and calm variations of the portrait. Seen from the front, from above. Both in relief and flattened on a background. Pinned, by an unknown entomologist, like the variations of a species. Again a statement of different phases. Re-creation. Memory as well. However, nothing scientific, apart from the appearance. But, there again, necessity. To assume. Therapy? Perhaps. Some expressions take on a new meaning: looking at yourself from front on.

An indisputable approach because it is indispensable. Vital. Steady images respond to traumatism. Or accompany it. Or substitute themselves for it. Or express it. No other possibility. Just images which also refuse to choose their status. Neither symbolic nor metaphorical. Merely indispensible. There.

Feelings, although they are not expressed, are evoked. Imagined by a me who looks. Fear. Suffering. Constant cold. Clinical white that is never white but always clinical. Spaces that are never vast. Which never breathe. Constrained spaces. The way everything is constrained after the accident. In the process of returning. The most difficult will probably remain the piecing together of the grey monochrome puzzle. Difficult or impossible? Very difficult, in any case, to finish.

Terrible accident. Spectacular. Everything is broken. Everything. In a great noise. Later, today, now, there are the after images. White. Absolute silence. Sharp.

MARTA ZGIERSKA

Née en 1987 à Lublin, en Pologne, Marta Zgierska est titulaire d'un diplôme d'études supérieures en photographie, de l'École nationale supérieure de cinéma, télévision et théâtre Leon-Schiller, et de maîtrises ès arts en théâtrologie et en journalisme. Elle vit à Varsovie, où elle mène ses projets artistiques. Elle s'intéressse aux recherches sur l'expérience post-traumatique et au processus de repli sur soi. Ses œuvres ont été exposées à Photokina (Cologne, Allemagne), à la Malmö Fotobiennal (Suède), au Fotofestiwal (Łódź, Pologne), au DongGang International Photo Festival (Yeongwol, Corée du Sud) et au TIFF Festival (Wrocław, Pologne). Sa série *Post* a été sélectionnée pour le festival Circulation(s), à Paris, qui présente les jeunes photographes européens les plus prometteurs. Elle a été sélectionnée en 2015 parmi les 50 meilleurs photographes émergents par LensCulture. En 2016, elle est lauréate du Prix HSBC pour la Photographie et du Reminders Photography Stronghold Grant.

Born in 1987, in Lublin, Poland, Marta Zgierska holds an MFA in Photography from the Leon Schiller National Film, Television and Theatre School, an MA in Theatrology and an MA in Journalism. She lives in Warsaw, where she develops her artistic projects. She is interested in trauma studies and the process of withdrawal. Her works have been exhibited at Photokina (Cologne, Germany), Malmo Fotobiennal (Sweden), Fotofestiwal (Łódź, Poland), DongGang International Photo Festival (Yeongwol, South Korea) and TIFF Festival (Wroclaw, Poland). Her series Post *has been selected for the Circulation(s) Festival in Paris presenting most interesting young photographers from Europe. In 2015 she was named one of LensCulture's Top 50 Emerging Talents. In 2016 she received the Prix HSBC pour la Photographie and the Reminders Photography Stronghold Grant.*

REMERCIEMENTS / *ACKNOWLEDGEMENTS*

Je tiens à remercier Diane Dufour, Christian Caujolle, le Prix HSBC pour la Photographie et Actes Sud, pour m'avoir soutenue et aidée. Sans eux, ce livre ne serait pas devenu réalité.

Je suis particulièrement reconnaissante envers Mateusz Sarełło et envers mes parents, pour leur affection et leurs attentions. Mes remerciements s'adressent également, pour leur aide, à Grzegorz Przyborek et à Marion Hislen, qui ont cru en moi.

I would like to thank Diane Dufour, Christian Caujolle, Prix HSBC pour la Photographie and Actes Sud, who supported me and helped make this book a reality.

My special thanks to Mateusz Sarełło and my parents, for their love and care.
I would also like to thank Grzegorz Przyborek and Marion Hislen, for their help and belief in me.

LIVRES PARUS DANS LA COLLECTION / *PREVIOUSLY PUBLISHED IN THE COLLECTION*

2015
Maia Flore
Rememories
Guillaume Martial
Slap-Stick

2014
Dephine Burtin
Encouble
Akiko Takizawa
Where We Belong

2013
Noémie Goudal
The Geometrical Determination of the Sunrise
Cerise Doucède
Liens intimes

2012
Leonora Hamill
Art in Progress
Éric Pillot
In situ

2011
Alinka Echeverriá
Sur le chemin de Tepeyac
Zhang Xiao
Coastline

2010
Laurent Hopp
Sublunaire
Lucie & Simon
Vertiges du quotidien

2009
Grégoire Alexandre
Matthieu Gafsou
Surfaces

2008
Aurore Valade
Grand miroir
Guillaume Lemarchal
Paysages de l'après

2007
Julia Fullerton-Batten
Teenage Stories
Matthew Pillsbury
Time Frame

2006
Clark et Pougnaud
Marina Gadonneix
Paysages sur commande

2005
Éric Baudelaire
États imaginés
Birgitta Lund
In Transit

2004
Malala Andrialavidrazana
D'outre-monde
Patrick Taberna
Au fil des jours

2003
Mathieu Bernard-Reymond
Vous êtes ici
Laurence Leblanc
Rithy, Chéa, Kim Sour et les autres

2002
Laurence Demaison
Rip Hopkins
Tadjikistan Tissages

2001
Franck Christen
Jo Lansley & Helen Bendon

2000
Valérie Belin
Carole Fékété

1999
Catherine Gfeller
Urban Rituals
Yoshiko Murakami
Les Mains pour voir

1998
Milomir Kovacevic
La Part de l'ombre
Seton Smith
Without Warning

1997
Jean-François Campos
Après la pluie…
Bertrand Desprez
Pour quelques étoiles…

1996
Éric Prinvault
C'est où la maison ?
Henry Ray †
Amazonia

Créé en avril 1995[1], le Prix HSBC pour la Photographie accompagne depuis vingt et un ans la génération émergente de la photographie et s'engage à soutenir de manière encore plus forte le travail de ses lauréats, en exposant leurs œuvres à l'international, en créant une cinquième étape dans l'itinérance et en leur offrant une aide à la production d'œuvres présentées lors de cette dernière exposition, insufflant ainsi un nouvel élan aux lauréats.
Un concours annuel est ouvert de septembre à novembre à tout photographe n'ayant jamais édité de monographie, sans critère d'âge ni de nationalité.
Chaque année, un conseiller artistique désigné pour apporter un nouveau regard présélectionne une dizaine de candidats. Il présente alors ses choix au Comité exécutif, qui élit les deux lauréats.
Diane Dufour[2], conseiller artistique 2016, témoigne :
"Les onze travaux des nominés pour le Prix HSBC 2016 dessinent un territoire marqué par un dépassement des formes classiques d'enregistrement du réel au profit de traductions possibles d'une expérience intérieure. Une écriture non pas au sujet de quelque chose mais qui serait ce quelque chose même. Une photographie qui ne commente pas, ne résout pas, ne dévoile pas. Une forme d'énigme se suffisant à elle-même."

Accompagnement des deux artistes :
– publication de la première monographie de chaque artiste avec Actes Sud, dans la "Collection du Prix HSBC pour la Photographie";
– création et organisation de l'exposition itinérante de leurs œuvres dans cinq lieux culturels en France et/ou à l'étranger ;
– aide à la production, durant l'année de promotion, de nouvelles œuvres, présentées lors de la cinquième étape ;
– acquisition par HSBC France de six œuvres par lauréat pour son fonds photographique.

1. Sous l'égide de la Fondation de France.
2. Diane Dufour est directrice du BAL à Paris.

Created in April 1995[1], the Prix HSBC pour la Photographie has been supporting emerging photographers for twenty-one years. It undertakes to help its award winners by showing their pictures internationally, by creating a fifth stage in the travelling exhibition and by helping to produce the works presented in this latest exhibition, thus providing winners with a fresh impetus.
An annual competition, it is open from September to November to any photographer who has never had a monograph published, with no age or nationality criteria.
Each year an artistic advisor is nominated to give a fresh outlook and to preselect around ten candidates who are then presented to the Executive Committee who select the two award winners.
Diane Dufour[2], 2016 artistic advisor, says:
"The eleven works of the nominees for the 2016 Prix HSBC define a territory marked by exceeding classical forms for recording reality in favour of possible translations of inner experience. Writing that is not about the subject of something, but that would be something itself. Photography that does not comment, resolve or reveal. An enigma sufficient in itself."

The HSBC Prize supports the two photographers by:
- Publishing each artist's first monograph in association with the publisher Actes Sud in the Prix HSBC pour la Photographie Collection;
- Creating and organizing the travelling exhibition of their works at five cultural venues in France and/or abroad;
- Help in promoting new works throughout the year, presented during the fifth stage;
- Guaranteeing HSBC France's acquisition of six works by each award winner for its photography collection.

1. Under the eagis of the Fondation de France.
2. Diane Dufour is the director of BAL in Paris.

Prix HSBC
pour la Photographie

Traduction : Sandra Reid pour le texte de Christian Caujolle. Christine Piot pour la biographie et les remerciements.
Correction : Aïté Bresson (français) et Bronwyn Mahoney (anglais)
Mise en pages : Anne-Laure Exbrayat
Fabrication : Géraldine Lay
Photogravure : Terre Neuve, Arles

Achevé d'imprimer en avril 2016 par l'imprimerie Geers Offset à Gand
pour le compte des éditions Actes Sud, Le Méjan, place Nina-Berberova, 13200 Arles.

Dépôt légal 1re édition : juillet 2016
www.actes-sud.fr
(Imprimé en Belgique)